Haki Stërmilli

Sikur të isha djalë

Risjellë në shqipen e sotme

Fletëhyrje për në varr

RL BOOKS

Arbër Ahmetaj

roman

RL BOOKS

Arbër Ahmetaj

Varri i braktisur

roman

RL BOOKS

ANNA KOVE

KAMBANAT E SË DIELËS

Arthur Schnitzler

VALLJA

REIGEN

Shqipëruar nga Loreta Schillock

RL BOOKS

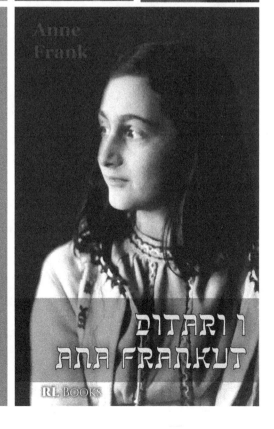

Anne Frank

DITARI I ANA FRANKUT

RL BOOKS

RL BOOKS

Boto me RL Books të kesh akses
në të gjitha tregjet e botës.

www.rlbooks.eu/boto

REVISTA LETRARE

Shtëpia e letërsisë shqipe

Pranverë, 2022

REVISTA ✠ LETRARE

Botuese   Ornela Musabelliu
Kryeredaktor   Arbër Ahmetaj
Redaktore e përkthimeve   Eleana Zhako

Drejtor Dritan Kiçi
ACC VZW - *BE722862311*
Revista Letrare ®
https://www.revistaletrare.com
info@revistaletrare.com

Revista Letrare - Pranverë, 2022
ISSN 2736-531X-20211
ISBN 978-2-39069-9

© *Botimi i Revistës letrare në print mundësohet nga* **RL Books** ®

RL BOOKS
https://www.rlbooks.eu
admin@rlbooks.eu

Përmbledhja

MIMOZA AHMETI

Insanis

Jetonte me një të krisur
djalë i ri, verdhosh,
herë hynte, herë dilte nga fiqiri,
përbuzës, arrogant, i zgjuar,
me shpirt gjysheje, kapriço gruaje
dhe reagim fëmije...
trup engjëlli i thërrmuar brendshmi në mijëra fije
nga një sëmundje me bazë neverie...

E dinte si qe formuar bota,
polak, i shtrydhur nga Lindja dhe Perëndimi,
i ngucur nga roli dhe tjetërsimi... banor,
që e thërrisnin Hënor, kaq ndryshe nga njerëzia...

Qe rraskapitur prej tij, jo thjesht nga ligia e shëndetit,
sa nga britmat, alarmet e pashkak,
thyerjet e sendeve... sjellje e çuditshme e gjitha kjo...
e huaj për midenë e një fineje... si ajo.

Porse, ai moment kur ajo pranë tij më në fund epohej...
Atij i qetësohej fytyra, i mbylleshin sytë,
një buzëqeshje paralumturore i ikte e vinte faqeve,
në pritje të përkëdheljes që ia parandiente kënaqësinë,
me një eros të parashkruar imagjinate,
si një etje fyti që i jep shije të çmendur ujit...
dhe bëhej i bukur si brokë
e priste si gotë...

Femika (femer)

Kur ti të jesh magjia ime, shpirt,
do të jemi bashkë të dy të pandarë,
do të gëzojmë dashurinë e madhe
të festimeve të qetësisë...

Çamarrokët do jenë lodhur nga prapësitë e frikës,
do të fashitet natyra, qyteti, deti - nuk do të ketë më ngjarje
e do të hapesh ti si e vetmja qenie...

Dërdëllima dhe këto vetëtima,
të gjitha do të vdesin në dëgjimin tënd,
kur të hapet prezenca jote e madhe
e njohjes pa fjalë, e mendimeve pa gjuhë,
kur ti të biesh në gjendje...

Njeriu lind plot dije instinkti,
foshnja që ikën nga shtëpia
vrapon në drejtim të errësirës
dhe nuk ka frikë nga nata, pi ujë ku etet,
fle gjumë ku shakulliset e lodhur
dhe pastaj kur e gjejnë, i fusin një shuplakë,
që nxjerr xixa nga sytë.

Bijtë e natyrës iu dorëzuan vdekjes,
për hir të sigurisë së madhe...
Po ne do të jemi bashkë, o shpirt,
sepse ti je magjia ime...
Njeriu i orës së fundit.

Ai ishte njeriu i orës së fundit,
i përjashtuar, megjithatë, dukej sikur
nuk mundnin ta hidhnin në mbetjet...
Brenda tij ishte emëruesi i së përbashkëtës,
i fshehur thellë trupit të tij, frymës së tij

dhe pulsit që gjakonte atë orë aksioni në pritje,
të minutës së fundit, të atij vullneti që përmbys këndin
dhe rrafshon raportin
në finalizim plani...
Ai ishte njeriu i orës së fundit
Në emëruesin e vazhdimit...

Dua një mërzi

Dua një mërzi mirëfilli,
një mërzi që nuk ngjan me tjetër,
dua të jetë e qashtër,
e ngrohtë si kraharor fëmije.

Dua një mërzi
të pastër, të pambrojtur,
si ajo e fëmijërisë sime,
me gjithë universin kundër
dhe refuzimin e përshtatjes...

Dua pikërisht atë mërzi,
që nuk i njihte fjalët
dhe vuante rrënjët nëpër sëmundje trupi
e ligështime,
pa më lënë të rritem.

Dua atë mërzi,
që e mallkonte nëna ime,
që e kujdeste im atë të mos më merrte,
që e shikonin vëngër perënditë,
që e ushtronin engjëjt
me shpëtimin.
Për Shpëtimin!

Kohë me një aneks të madh

Kohë me një aneks të madh
Aty lëshuar gjithë e papritura
Vazhdojmë përtej këtij deformimi
Me një ide për veten, që e kemi.

Po ndërkaq kurba po kthehet
Ndodh një realitet pak nga pak
Dhe pritja bëhet jetë
Jetë në një aneks të madh.

Shpresojmë që ky aneks mos zërë vendin e dhomës
Ku jetuam e gatuam shpresën...
Mbahemi fort në këtë ndërmjetësim
Mes të vjetrës si të re dhe të resë...

Kur ti të jesh prapë vogëlushe

Kur ti të jesh prapë vogëlushe
Mami do të blejë lodra
Të rriturit do të jenë të bukur
Shtëpia do të jetë e ngrohtë
Dhe rrugët veshur me lule
Për ty do presin
fjongon tënde...
Dhe bota do të bëhet botë
Kur ti të kesh gjithë çfarë nuk pate
Kur ti të jesh prapë
Krejt do t'i kesh
Kur ti të jesh prapë vogëlushe...

Shumë do të premtohet

Shumë do të premtohet në tokë,
mos e lër qiellin.
Do të joshin idhuj, shkrime, buzë...
Autorësia e tij është qiellit..
Shikimi nuk rrok dot gjithë horizontet.
Ai i ka, i di, i përmban, i rrok të gjitha. Qielli
Mos u tremb nga nëmi i tokës
Në qiell nuk ka emra
Ka shpirtëra që shkojnë e vijnë me një përçim tejçimi...

Evoluimi i dëshirës

I dua shumë dëshirat,
ato përkushtime ku paloj hollë shpirt,
të padukshme dëshirat e mia, i shoh vetëm unë dhe
i harroj, nga dëshira të tjera...
Por është momenti kur po pushoj
dhe tendosjet po flenë, kënaqësitë pikëlojnë,
duke më dhënë megspiksin e një përgjumjeje...
mes një dëshire të voket që pulson në frymën time
deri nesër krejt anonime...

Pseudologjia

(New science of sciences)

Oh, kush i njeh lëvizjet e shpirtit,
birit të frymës, skandalozit të madh,
që ecën mbi ujëra, pa pasur krahë zogu.
O kush i njeh shpëtimet prej kurthesh
virtuale
të mendimit reduktant

që kornizon, po nuk përqafon!
Avujt dhe stimujt e padukshëm,
nojmat dhe gjetjet e pakapshme,
kudo ku isha pseudologjia
kërkoi të maste shtjellat e mia
me një metër të bërë nga eter,
që të mos kishte ndonjë masë tjetër.

Po kur lëvizja doli në krye,
masa u tret, metri u thye...
O kush i njeh lëvizjet e frymës,
Birit të shpirtit që shfaqej prej brymës
së mushkërive, prej dashurisë
me skandalin e hijeshisë!

Fati

Fati është eksplorues
Njeriu tenton inertësinë
Fati është brigje të reja

Një shkretëtirë mund të jetë një planet i ri,

Dashnor i tokës,
E gjelbra është përmbajtja jote
në çdo derë fati dhe shtrat afati...

Akaparimi

E bleu të papriturën,
tashmë nuk do të kishte të panjohura,
befasi, përqethje lumturie,
pos frikë...
Do të ngjante e gjitha me një imitim-mjerim

Në marketin e së panjohurës,
asgjë nuk mund të ndodhte më,
përveçse si gjasme...
e papritura qe mbaruar,
qe akaparuar...

As vetë nuk e dinte përse kish qenë
kaq b...q...m

Ontologji e trupit që nuk pjell e arriti këtë truk?

Të qe prova e qiellit kaq e rëndë për të gjithë?
Siguria nga Akaparia?

O pasiguri,
o Unë edhe Ti...
Skandal i zemrave me të vërteta papriturie...

Qiell, o Dashuri Urtësie!
Më larg se ti
nuk ka për shpirtin...!

Apatia

Sa shumë kujtesë në këtë apati
këtë pasdite
zhytur në mjegull
të një pranie pa qëllim
një vizitë e përshtypjeve në trupin tim...
Kjo apati e mrekullueshme
kjo shkëputje e burueshme
e mbresave që rrjedhin pa shkak e destine
me lule përshtypjesh
pa stinë...

Nuk ka asnjë qëllim në këtë botë
vetëm një valle përqafimesh vjen rrotull
kemi drojë të vallëzojmë...
jemi si ata fëmijët që vetëm shohin...

Të tjerë

Të tjerë dinë diçka më shumë se unë
Ata, më larg se ne mund të shohin,
Dhe të na mbrojnë me xhelozinë e atit
Por kjo është e çuditshme si ndjenjë
dhe po aq e pikëpyetshme si jetë...
Të jep një shkëputje avulli
Të tjerët efemerohen në botën time,
ndiej plotësinë, vetëm...

Dikush po vuan tmerrësisht në liri...

I humburi i kohës

Njeriu është i aftë të ëndërrojë
ta jetojë imagjinaren për reale...
I ngopur dhe me lugën zbrazur
ai sfidon kohëra që janë jeta e tij...

Por trupi është i shenjtë dhe pse i harruar,
Trupi vetëm nga ati njeh ymër dhe tretje...
Prova gjithmonë ka qenë e tmerrshme
kur njeriun e zbresin nga ëndrra në prekje...

Mos luani me të humburin e kohës
që e ka pranuar atë si jetë të tij...
Mos e zbrisni në truallin e prekjes...
aty ku katastrofa bëhet liri.

Nga Paskali te Mimoza

Nëse besoni në vazhdimësi
Nga Paskali te Mimoza

Paskali:
Zoti yt është zoti im.
Mimoza:
Fati yt është fati im.

Mama të bëra prej nëne

"Aty e ke mamin?!".

Ai që pyet është im bir. "Mami", nëna e tij, është edhe ime shoqe. Po aq e qartë: "mami i tij" nuk është 'nëna ime'.

Ngaqë nëna ime, prurësja ime në këtë jetë, s'është më, këngëzimin "mami" të tim biri unë e dëgjoj si "prej lënde të nënës sime".

Në çastin tjetër, nis dhe tëholl për ta pranuar ca më tej ndjesinë se edhe ime shoqe është bërë prej lënde të nënës së saj. Një ndjesi jo aq e kollajtë kjo për t'u rrokur prej tim biri, edhe sikur unë të përpiqem t'ia kthjelloj fjalësh. Duhet edhe nge, edhe kohë e gjatë për ta bërë këtë. Së paku aq sa m'u desh mua për të ndjerë fjalën "mama", ndërsa më duhet ta kujtoj thjesht si Nënë...

'Si gjithë fëmijët e botës në moshën e tij!', e justifikoj tim bir, duke iu gëzuar diferencave në moshë dhe në kohë me të.

"Po, këtu është, në ballkon...", i them. Për mamin e tij.

Biri e di, ballkoni prej kohësh shërben si truall bisedash mes ne të dyve kur jemi në të mira dhe si arenë meditimi vetjak a heshtje e përbashkët sa mundim gjatë, kur kujtohemi se, sidoqoftë, jemi dy qenie të ndryshme, natyrshëm të mëvetëshme, në kohë pambarimisht të mëtejshme. Sado të duhemi, sado të mirëkuptohemi, do na duhet, për fat do na duhet, e themi këtë si me gëzim, dhe mrekullisht pashmangshëm, si shenjë mëvetësie dhe lirie pra, do të mbetemi dy. Dy në një, por gjithnjë dy. Duke e gëzuar pambarimisht edhe këtë, si lajm të bukur. Edhe tani, madje sidomos tani, që po arrijmë aty kur mund t'i gëzohemi faktit që po moshohemi së bashku...

Edhe këto ditë, kur temperaturat kanë zbritur në një duzinë gradë Celsius, ballkoni është frymëmarrje plus prej hapësirës së brenda shtëpisë. Kishte kohë, sidomos ime shoqe e qetësonte veten pikërisht aty. Ku mund të ndizej edhe ndonjë cigare, do shtoja më vonë si kujtesë. Provoja hera-herës të ndjehesha unë vetë shkaku i kësaj gjendjeje, nëse mund të quhej "gjendje", në nuancë agravuese, gërvishtëse, ndonëse ajo ngulë këmbë se lejimi i vetes në hapësira të tilla meditimi do t'i bënte mirë kujtdo. Jam gati ta pranoj të plotë fajësinë time për të vogëluar ose tretur të tërin trishtim të saj, por që t'i dorëzohem meditimit në po këtë mënyrë si ajo, me mbyllje sysh, aq më pak me përqëndrim mendimi në një subjekt të zgjedhur, e gjej të pamundur. Jo pse kam ndrojtjen se, për të kërkuar symbyllur lehtësimin, do t'ia blatoja fajin asaj, shoqes sime të jetës, jo, kurrë.

Në të vërtetë po më bëhej gjithnjë e më shumë se ime shoqe po bëhej e tjetërt tashmë. Edhe pse s'ishte kollaj të thosha dot në ishte më i mirë apo më i brishtë shëndeti i saj, më e shtuar e qeshura e saj që lutja të shfaqej përpara syve të mi. Mbase edhe vetë termi 'shëndet', kuptimi i tij, do duhej konceptuar ndryshe këndej ku e sollëm veten, siç i tërë gjërave që kishim lënë pas në të vërtetë, për të arritur te kuptimet e tjera që gjetëm apo që do të na ndodhnin kësaj an'bote, ende në mosnjohje.

"A ma jep pak në telefon, ba..?! Ndaj telefonova!".

"E po mirë, nëse të duhet të flasësh me se s'bën, po provoj!".

Me pulpat e gishtave të dorës trokita në xhamin e derës, që hapej për në ballkon. Si s'mora shenjë që isha dëgjuar prej saj, bëra ta hapja lehtë-lehtë kanatën e qelqtë, me kujdesjen e duhur të mos shtonte as edhe një fije nervozizëm në qetësinë e meditimit atje.

"Më lër, të lutem! Si s'më kuptuat një herë... Këto momente s'jam këtu, jam diku tjetër, s'jam për askënd...".

S'do doja t'i dëgjoja sërish, por ishin të pashmangshme, si gërvërima e pafajshme e derës që duhej hapur. Eh, sa shumë gjëra s'do donim të na ndodhnin në këtë gjeratore që na sjell vërdallë e na përthith, edhe pse vazhdojmë ta quajmë jetë dhe duam ta zgjasim pafund.

'As për tët bir...nuk je?!', do pëlqeja të thosha, me sado pak ndjesi shakaje brenda, por dora e saj u ngrit si krah i lodhur shpendi, në përtim të thellë, elegant, pa kthyer kryet, pa nxjerr asnjë fjalë tjetër, por edhe kësisoj më kujtonte se, sido si, do bëja mirë ta tërhiqja, ta mbyllja derën... Nuk tha asgjë të tillë, por unë pikërisht ashtu bëra.

Dera e ballkonit, e qelqtë, m'u bind pa zhurmë, edhe më urtë se unë, që tashmë duhet të mendoja se si do t'i shpjegohesha tim biri, pa e bërë merak, siç mua dikur nuk do doja të më bënin merak për "mamanë time".

Duke hyrë në dhomën e ndenjes, u rreka të gjeja fjalët e duhura që asnjë boshësi momenti, asnjë dilemë të mos përcillej ndryshe, se, në fund të fundit, ajo që meditonte pa zë në ballkon ishte mami i vet, nëna e tij, jo veç bashkëshortja ime, siç 'mamaja ime' dikur ishte gruaja e tim eti, por jo 'mamaja e tij'.

Ndonjëherë e kapja veten duke imituar tim atë, sado dështueshëm. Ende ishim në rritje e sipër kur ai na thoshte: "Mua do më doni se s'bën, por ju duhet të doni mamanë tuaj së pari...!".

Receptori, filli i të cilit nga ana tjetër çonte te biri, ende prehej mbi komo. Iu qasa, dyshues në aftësinë e telave për t'i përcjellë këto gjendje ndjesish në delikatesë marrëdhëniesh njerëzore, që, edhe pse përsëriteshin e përsëriteshin përjetësisht, po aq përjetësisht nuk qartësoheshin dot veç përmes fjalëve.

Po, mund t'i thosha edhe tjetër gjë, të bëja ndonjë shaka nga ato që ynë bir të kuptonte gjithçka duke i thënë vetëm diçka, kur ndjeva se pas shpine dera e ballkonit po hapej. Ajo bëri shenjë se, megjithëse pa dilemë një minutë më parë mund të kishte qenë diku tjetër, kush e di ku, përmes atyre energjive që në fakt besohet se janë thelbi i qenies sonë, prej ku s'mund të ishte për askënd tjetër këtu në tokë, megjithatë pra, ajo ishte gati të fliste...me birin e saj!

Nuk ishte më e nevojshme të ngjyrosja fjalët, pretekst meditativ s'mund të kishte, paqartësi distance, aq më shumë kur kjo dilemë, në të vërtetë, ishte marrë me mend prej meje, në asnjë moment prej saj. U mbështeta në divanin përballë që ta dëgjoja, vështroja e shijoja atë shfaqje, që kurrë e kurrkund në ndonjë skenë s'ishte luajtur dot, edhe pse tashmë po besoja se kjo skenë s'mund të mos kishte ndodhur edhe mes meje dhe mamasë sime dikur...

"Si s'do vij, zemër e mamit, sigurisht do vij...", dëgjova zërin e saj të këngëzonte, fill në momentin më tej.

Interpretim tjetër?! I së njëjtës partiturë? Prej së njëjtës 'materie mamaje', lëndë që fiton temperaturën e nevojshme për reaksionin midis, pikërisht kur druhet se mund ta humbas atë?

"Sa mirë bëre... Do vij, si s'do vij?! Por më thuaj çfarë të duhet, çfarë të sjellë mami, ndonjë gjë që të mungon... d.m.th që ke harruar ta blesh? Po, po, të kuptova, e di që i ke të gjitha gjërat vetë... okay, I'm coming, I'm flying... See there!".

Në këto raste shtonim se duke folur në gjuhën e këndejshme bëheshim tërësisht modern.

Ndjehej në ajër që mami, nëna e tim biri, ime shoqe pra, o Zot sa e kënaqur, asnjë hije trishtimi në aurën e saj... nuk do habitesha aspak po ta dëgjoja të thoshte se ishte e lumtur me të gjitha, pra edhe me mua, edhe nëse diku kisha vonuar. Edhe unë ndjehesha i kënaqur që mami e tij, e papërsëritshmja në këtë faqe jete në ekzistencën e fëmijëve...

S'kuptoja dot pse, prej kohësh, kisha besuar në "copy-right"-in e thënies: "Nëna - e dërguara e Zotit në tokë". Së paku prej kësaj dite, sado vonë, duhej ta mendoja, po kaq bekuar, edhe nënën e tim biri. Që e heshti gëzimin e saj, menjëherë, u kthye në ballkon sa për të tërhequr stolin dhe mbulojat e përdorura ndaj të ftohtit atje dhe, ende në heshtjen e saj meditative, sërish misterioze, mezi kishte pritur ta pyesja.

"Kur do nisesh?".

"Rri i qetë, ç'ke?!".

"Nuk le orë me tët bir?!".

"Do të nisem kur duhet! Ti e ke thënë!".

"E ç'paskam thënë unë?!".

"Që çdo bir nëne i dorëzohet një gruaje tjetër! Duhet të shkoj, të gatuaj për të dhe një bukuroshe me të cilën po njihet im bir dhe, pa arritur mirë ajo Tjetra, unë duhet të nisem me vrap për tek Ty!".

LEDIA DUSHI

✶✶✶

nji dhomë e errët bind ku dergjet rozmarini e rigoni
lëkura tretet n`mjaltë e nuk ka ma asgja
nji dhome bind t`errët që zhduket fije-fije
ujnash t`bulëzuem që dridhin piper t`zi
piper t`zi që lexohet kokërr-kokërr
dangë e këcyeme n`terr t`kulluem
përpos nji vjegëze e dritës t`mbledhun t`nji qiriu
jermit t`pafund t`bimëve e luleve t`thata n`rrëfim
shelbimi i mbramë veshja e fyteve t`thatë
n`nji kallëzim t`përjetshëm ndër avuj ngadhënjyes
t`nji dëshire jetëshkurtë mbyllë n`bindin e nji dhome
shtrij kryet, sytë i ve mbyllun përmbi e hurbi rrokulli
rrokullia asht kataleia, jasemin, narcis, heliotrop dafodil
çilësa t`ndryshkun hovin n`qafa murgjish
$\hspace{6cm}$ që fshehin alambikë
rrokullinë e shtijn` lule, lule me e nxjerrë
$\hspace{4cm}$ aroma-aroma avull e formulë
ngujue për dëshirë n`atë dhomë vlimi e bimësh
kalue poshtë ka drita, yjet, hana as me qenë bar gjumi
terr mbi terrin n`at` gjurmë kohe pezull
$\hspace{5cm}$ nji pezuli t`padukshëm

✶✶✶

gjithë kjo hapësì e askush nuk ndesh n`asgja
asht kaq e afërt mbëshjellë n`muzg t`njomë
që e sjell dimni këmbye parzmit nji dimën kozmik
as shiu, as bore, as ernash nji mug i lidhun Dervishësh
Rrotullues
nëse m`pyesin rishtaz çka asht Shlirimi:

mos me iu lajmue rrokullisë
Shpirti që deshti me ia hapë sytë trupit....
t`lumnuem trupat që ngjiten e shkojnë mbas Shpirtit...

drojë e sendeve t'përçuduna që lëvizin natën

1. bora asht vendue n`mes t`oborrit rrethue

                                      nji shpije t`madhe
përmbi çati gra n`dukje shenjue me t`zezë
borë e t`çahet zemra kah sheh terrin tue u ulë e t`çahet zemra
tue pa ket` rrahje kohe n`t`zezë
n`oborrin katror arrnue me borë
me gra përmbi çati shenjue n`t`gjaktë
vigjëlojnë përmbi tue nytërue nji gjuhë mitike nji gjuhë
bjerrje e asaj që njohim tanë çka njohim asht ramja e qenies
ngritja e Atit e pezullia e ndoj Hyji
shkrue n`terr asht bora e dimni shpirt n`dam i mbetun peng
pikon randë pingul as me qenë gjaku n`prag i nji fyti t`prem`

2. nen nji trung t`thamë n`oborr kundruell

                                      nji shpije gurësh n`mjegull
kalojnë nëpër trup shi ftoht` e lodhje
përmbys tue pritë me e kalue at` prag
asht tanë nji botë mbas territ nji teatër që ndodh pa ne
e derdhet i gjithi hije t`zjarmta përreth
shpija e saj e errët asht si mendja mbushë n`bimë e n`shenja
zgjidh tash ke të drejt` me zgjedhë nji
e ndër tanë çka lëshohet rrëmbyeshëm para teje
me dorë tërheq çka t`ngjyhet n`shpirt
kenien ma sublime t`territ

3. nen nji trung peme t`thame n`oborr tri shtriga mbijn`
nata i ven aty e i mban ngulë nen pemë
rrijn` shtangue tue dridhë zanin e gjithçka përreth
kanë sy t`gastart` e premtojn` dashni

e thithin shpirtna thithin shpirtna pa prà
shpija mbet e gurtë nen qiellin hanëzhdukun
tri shpina grash n`t`zeza lëvizin ikshëm ngadalë
me bindjen me u kthye rishtas me ma forcë e ma pak dashni
dëshirë e grishun derdhë akrepash e gjarpnijsh
lypin nji t`vetme kenie ndërdyzash që ka me u blatue

4. dhe vjen legjioni i ankimeve, ernave mbi shpija,
                                        pingulit të syve
        i t`errëtes, drojës, mahnitjes, shtangimit, tanë nji
                                        shtjellë e purpurt
        që luen rrotulla mbrenda asaj kishe
                        e kisha tretet tanë asaj shtjelle
        asht muzg e burrat që ishin ulë
                        te dera ma nuk janë asht veç shtjella
        kupeja që shihen tanë yjet gjithë tue ra e asnji nuk bjen
        tash ma n`fund tanë yjet që s`bien
                                i mban kryet e nji tempulli
        nji tempull që ngranë ka saora kishen burrat gurët
        e gulçon t`ndeztën dosë të dymbëdhetë gicave pimësa

***

tash shiu ka amën e vet n`gjithçka edhe n`andje
duhet uji për me i rritë aromat si ato mbramjet
kur pezuli rrëzohet grima-grima e shtjella rozmarine
shtrohen nji e nji tue zanë mjegull ndër hundë
cirkat e para t`ujit e asgja nuk duket nëmos
rozmarina e copëtueme n`ajrí
mbramja asht e thyeme n`shtjella gri e

gjithë çka ndija kishte njohun për aromë
zatetë kishte ndër fije therëse rozmarine...

⚡

asht n`pyll ku ka ndërrue jetë rrëshina pikë-pikë
nën fytin e zogjve që i lidh era e bajnë za
janë fijet që e tjerrin janë drunjt` që kanë kenë
tash duar ka që blatohen nji burimi t`mbarimtë rrëshine
mbërthye n`nji kuadrat t`lëmuem siç e kam dasht` fmij
nse nji zog i praruem meh i tani tingull n`nji degë

⚡

s`nalti rrethue n`shkëndija mbi nji uj` dridhës
secili mban nji gur` t`gjaktë t`diellt` a t`flakët
stërkala prej secilës gojëz duersh rrëzue fytyre
përligj t`mbledhunit antik përreth ujit rrotullues
përreth ajrit t`thirrun nji fryme me hangër plym
përshpirtshëm kryet mrekullues t`Sofisë...

ARBEN ÇEJKU

Biletë false

Çastet e mia -
kokrra kafeje e pjekur.

Mulliri i vetmisë
i bluan të gjitha.

Në filxhanin e kafesë -
e nesërmja e pirë përgjysmë.

Helena e Trojës

Helena më tha, duke lotuar:
"U mërzita,
së qeni e bukur,
së tradhtuari burrin
dhe së braktisuri Spartën.
Kaq shekuj u lodha
së mbajturi në sy
Trojën e djegur
dhe hirin,
që u zë sytë helenëve triumfues,
tek ikin nga Troja.
Kaq shekuj
që Akili vret Hektorin
dhe Hektori s'di të vdesë.
Mos i besoni bukurisë sime,
Homeri i verbër qe!".

Bukurshkrimi

Në burg s'ka letër
edhe po të ketë,
s'na e japin.

Dielli zgjat dorën,
gris një copë qiell
dhe e fut në qelinë tonë.

Me yjet që mbeten natën,
shkruajmë në sytë e njëri-tjetrit
fjalët e shpresës dhe durimit.

Pik' jetë

...Aty nisi,
kur rrezja e parë hyri mes grykës
dhe krisi-
lëkur' e daulles çahet nga forc' e pykës.

Lëshohen
këngë e fjalë, lot e mall, gëzim e dhimbje
dhe dëgjohen
të pathënat e dergjura që në lindje!

Trazoje, trazoje,
me at' rrezepykë shtratin hyjnor ku jeta nis,
shikoje, mësoje,
si farën e parë të hedhësh për të mbjellë filiz!

O fuqi,
që më vjen nga fund i barkut si magji
dhe rini,
që sot më mbushe plot me jetë dhe freski!

Pik'jeta
nis me at' pikë gjaku që nxjerr lëkur' e daulles
dhe vdekja
vjen kur shteg' i vjetër i zë daljen udhës...!

- Triptik -

Rin lumi si im bir

Në të dyja anët,
lundrojnë brigje,
shelgje, gjethe, degë e pemë...
male, kodra, lëndina e pllaja bukuroshe,
sillen rreth e rrotull pak më tutje.
Kështjellat dhe qytetet mesjetare,
kapur dorë për dorë me këmbët në ujë,
me sytë e dritareve vocërrake,
shohin mbi ty dhe gati rrëzohen nga marramendja...

 Kapilarëve të rrugëve dhe në urat përmbi,
jeta vërshon pandalur,
duke pirë në ty.

Mijëra zogj dhe shpend gjithfarësh,
bashkë me shqiponjat krahëbardha
e mbajnë qiellin me sqep që të mos bjerë!
Retë puplore me gjithfarë formash,
kalërojnë erën tej e tej
dhe dora-dorës përcjellin drejt perëndimit,
diellin e pasdites,
lagur rrezesh në ujin e kurmit tënd.

Nga një guvë zemrash buroi,
currili yt,
ushqyer me qumësht dhe mbushur me gjak,
legjendë mijëvjeçare që lëshohesh teposhtë si ortek,
duke marrë me vete copa mali,
copa jete dhe tinguj fjale.
Në hapat vërshues merr përpara,
ditën që shkoi dhe ditën që vjen,
këngën e pakënduar dhe meloditë e zanave,
tymin e prushit dhe zjarrin e pandezur,
borën e ardhshme dhe lulet e paçelura...

Jetës i shkon mes për mes si lumi,
si emri dhe biri që je,
duke lënë pas alpet dhe shtigjet e ngushta,
shkëmbinjtë majëmprehtë dhe honet e pabesa,
pllajat cicëmëdha që të mbushën shtatin,
pyjet dhe borën që mbështjell plagët,
shpellat magjistare që tymojnë mister,
jehonat e këngëve dhe vajet e bilbilave,
jetët e dikurshme dhe ato që do vijnë,
tutje ikën ti,
si lumi,
si emri
dhe biri që je,
Rin...

Mes për mes si biri,
si emri dhe lumi
që je;
jetës i shkon pa ndalur,
pa sosur...
Një mal me ujë që ikën tutje,
mes për mes ditës,
mes për mes natës,
mes për mes shtigjeve,
mes për mes tokës,

mes për mes jetës,
duke vërshuar dhe gurgulluar,
si fjalë homerike që s'ka të ndaluar.

Qëndroj pranë teje,
të sodis nga agimi në mbrëmje,
nga mbrëmja gjer në agim,
pa gjumë në sy e pa ëndërr nën jastëk;
ta shoh profilin,
brigjet t'i shoh
dhe jetën tek rrjedh aty në ty - me ty -
herë si qetësi dhe përmalli,
herë si rrëmbim e si stuhi,
herë si rrebesh e si duhi,
herë si puhi dhe qetësi,
herë si fjalë mjalti veshur flori,
herë si pickim akrepi ngjeshur në sy,
herë si ngrohje zjarri me prushin aty,
herë si kallkan zemre që nxi e vetëm nxi,
herë si këngë zogu me verën në sqep,
herë si vaj bylbyli me ditën në xhep,
herë si thirrje mali që tund shkëmb' e shkep,
herë si fjalë e tretur që s'ka kush ta jep,
herë si vetëtimë që tremb edhe djeg,
herë si pllajë lulesh që të bëhet djep,
herë si pikë uji që të ngjall nga varri,
herë si suferinë që të hedh nga mali,
herë si dashuri që t'i fal tri jetë,
herë si gjuhënepërkë që flet e të shkret,
herë si shteg parajse mbushur plot me dritë,
herë si derë e mbyllur përplasur tek sytë,
herë si vatër zjarri ku mblidhen fëmijët,
herë si rrëpirë shpati ku të thyhen brinjët,
herë si gjeth pranvere me aromën e jetës,
herë si rrasë varri me peshën e vdekjes...

Lumi dhe emri, dhe Rini,
na lënë e dashur,
këtu në majëmalin e mallit,
ku pikëloti shpon gurin
dhe ikin tutje larg në horizont,
që shikimi ynë të mos verbohet
që syri ynë të ketë çfarë të shohë,
që dashuria për birin,
të ketë ku të rrojë...

Jon deti si im bir...

 Puhiz' e lehtë mëngjesore,
Perden e natës largoi ngadalë
Dhe drejt Udhës Qumështore,
Ikën engjëjt krahëbardhë...

Në të agur, në të zbardhur,
Seç u ça e qiellit cipë
Dhe një yll këmbëzbathur,
Midis nesh na solli dritë...

Midis jetës edhe vdekjes,
Përmes natës edhe ditës,
Dor' e nënës kërkon gjirin,
Si burim të qumështdritës..

...E nis ditën vet' i tretë,
Si askurrë në këtë jetë,
Bëj një hap e m'duken dhjetë;
Ec me këmbë a shkoj me fletë?

Ditët ikën dhe ti u rrite,
Det' i kaltër plot me valë,
Nëpër stin' e nëpër vite,
Vjen si fjal' e shkon si mall.

Jon si bir' e det si jetë,
Iliadë këngësh në Mesdhe,
Biri ynë, engjëll me fletë,
Je ti Jon, kudo që je!

Kënga labe ta freskon ballin,
Breg' më breg' e guv' më guvë,
Sa dhe dallgët e ndalin hapin,
Melodisë t'i hapin udhë.

Iso-këngët djaloshare,
Ca me fyell, ca me dyjare,
Në mëngjes malet i tundin,
Dhe në muzg ty të përkundin...

Ikën-vjen, baticë-zbaticë,
Siç bën qengji kur pi sisë,
Vjen të puthësh këng' e brigje,
O deti me një mijë shtigje...

Det mes detesh si asnjë tjetër,
Dikton vallen e gjith' ujësisë,
Ulur mbret në fron me skeptër,
Jon shqiptar' i pellazgjisë!

Det në jet' e bir në shpirt,
Joni që vishesh plot me dritë!
Rrotull stinët kur ven' e vijnë,
Veç ta shtojnë bukurinë!

Sa këngë e lot e fjalë,
Derdhur mbi ty si valë,
Nga të huaj e shqiptarë,
Herë tok e herë ndarë!

Thellë nën ujë, aty në gji,
Plot sekrete i mban fshehur.
E fus kokën kur do ti
Dhe sekretet shoh pa tretur.

Janë Odisea dhe Itaka,
Bashkë me kurthet e Çezarit,
Dhe shqiptarët që zuri nata,
Në Otranto, në mes kanalit...

Dhe anije, dhe qytete,
Dhe vullkane, dhe tërmete,
Dhe ca male majëmprehta
Dhe ca shtigje majëshigjeta.

Sykaltër, sydritë, sybukur,
Në ballin e jetës qëndron,
Dhe hëna që sillet si flutur,
Fshehur diellit në ty hepon...

Pa ty fushat, malet, kodrat,
As lumenjtë dhe as lëndinat,
Nuk rrinë dot pa të takuar,
Në sytë e tu – shkruar!

Të gjithë nisen drejt teje,
Përrenj e pllaja, pyje e stane,
Bashkë me tufat plot me dele,
Dhe këngët e nuses çobane.

Kur të lëndojnë dhe të trazojnë,
Kur nga tërbimi dallgë ngrihesh,
Zbres si shkëmb aty në breg,
Që të biesh e të mos vritesh...

Gjoks e zemër ku ngroh valët,
Le të mbetem unë për ty,
Gjersa toka do të ndalet,
Edhe dielli aty përmbi...

Jon dhe Rin

Njëri lum' e tjetri det,
Mbathur me tokë,
Veshur me qiell,
Herë dritë me hënë,
Herë flakë me diell,
Hyni te njëri-tjetri,
Me krah' ylberesh,
Kërcime ketri,
Vrapim drerësh,
Malet e brigjet
Mbani lidhur,
Guvat dhe shtigjet,
Ngjizur...
Njërën dorë
E fus në lumë,
Tjetrën dorë
e zgjas mbi det,
Që ta kap
një hënë në gjumë,
E të zë
një diell t'argjendtë..

AUGUSTO MONTERROSO

Monterroso mbahet si një nga mjeshtrit e mikrotregimit.

Lindi më 21 dhjetor 1921 në Tegucigalpa, Honduras. Në shtëpinë e tij mbretëronte një atmosferë boheme. Familja kishte një shtëpi të vogël botuese, ku botonte edhe gazetën "Sucesos". Në moshën njëmbëdhjetëvjeçare e la shkollën dhe u bë autodidakt.

Në vitin 1936, familja u shpërngul në Guatemalë, ku Monterroso kaloi fëmijërinë dhe rininë. Në 1940-n themeloi Shoqatën e Artistëve dhe Shkrimtarëve të Rinj të Guatemalës. I botoi tregimet e para në revistën "Acento" dhe në gazetën "El Imparcial", ndërkohë që punonte në ilegalitet kundër diktaturës së Jorge Ubico. E arrestuan me urdhër të Gjeneral Federico Ponce Valdés dhe kështu iu desh të arratisej në Meksikë. Pak pas kësaj, në Guatemalë fitoi qeveria revolucionare e Jacobo Arbenz-it dhe Monterroso u emërua në një post jo fort të rëndësishëm në ambasadën guatemalase në Meksikë. Fati i tij qe ndërkohë i lidhur me Meksikën, ku do të qëndronte për gjithë jetën.

Në vitin 1952 botoi në Meksikë "El concierto" dhe "El eclipse", dy tregime të shkurtra.

U shpërngul në Bolivi, ku u caktua konsulli guatemalas në La Paz.

Kur qeveria e Jacobo Arbenz u rrëzua më 1954-n, ai u dorëhoq nga detyra e konsullit dhe shkoi në Santiago de Chile. Në vendin e Andeve zuri shoqëri me Pablo Nerudën, të cilin e takoi në Isla Negra dhe me të cilin bashkëpunoi në "Gaceta de Chile".

Në vitin 1956 u kthye përfundimisht në Mexico City dhe prej atëherë punoi në poste të ndryshme akademike dhe botuese: profesor i kursit "Servantesi dhe Don Kishoti"; hulumtues në Institutin e Kërkimeve Filologjike dhe profesor në Fakultetin e Letërsisë e Filozofisë të UNAM, bashkëdrejtues dhe më vonë drejtues i serisë "Klasikët tanë", kryeredaktor i Revistës së Universitetit të Meksikës dhe studiues në Kolegjin e

Meksikës për studime filologjike. Ka punuar gjithashtu edhe si korrektor për shtëpinë e famshme botuese meksikane "Fondi i Kulturës Ekonomike" dhe redaktor i Revistës së Universitetit të Meksikës.

Në vitin 1959 botoi "Obras completas (y otros cuentos)" – Veprat e plota (dhe tregime të tjera), librin e tij të parë, ku përfshin edhe tregimin më të shkurtër në letërsinë latino-amerikane, "Dinosauri".

Udhëtoi në Europë, (Paris, Londër, Barcelonë, Madrid dhe shumë kryeqytete të vendeve atëherë komuniste në Europën Lindore). Më 1967-n dhe 1970-n dha një kurs për tregimin e shkurtër në universitet, si dhe një kurs tjetër të rrëfimit, ku u takua me gruan e ardhshme Barbara Jacobs (të tretën). Së bashku përpiluan Antologjinë e tregimeve të pikëlluara (1992).

Më 1975-n mori çmimin "Xavier Villaurrutia", një nga më prestigjiozët në Meksikë dhe udhëtoi drejt Varshavës, ku u takua me Huan Rulfon dhe Hulio Kortazarin.

Më 1978-n botoi romanin e vetëm "Lo demás es silencio" (Pastaj vjen heshtja).

Më 1993-shin u kthye në Guatemalë, ku u emërua anëtar i Akademisë Guatemalase të Gjuhës.

Në Meksikë mori Çmimin Letrar Latino-Amerikan dhe Karaibian.

Vdiq në Mexico City, më 8 shkurt, 2003.

Parajsa e papërsosur

- E sigurt, - tha pikëllueshëm burri, pa ua shqitur sytë flakëve që digjeshin në oxhak asaj nate dimri, - që në Parajsë ka miq, muzikë, dofarë librash; e keqja e vetme e ikjes në Qiell është se atje qielli nuk mund të shihet.

Furrtarja ëndërrimtare

Ishte një herë një furrtare me emrin Grigor Zamza, që ëndërronte të ishte një furrtare me emrin Franz Kafka, që ëndërronte se ishte një shkrimtar që shkruante rreth një nëpunësi të quajtur Grigor Zamza, që ëndërronte të ishte një furrtare.

Dinozauri

Kur u zgjua, dinozauri ishte ende atje.

Besimi dhe malet

Në krye të herës, Besimi lëvizte malet vetëm kur s'kishte zgjidhje tjetër, ndaj peizazhi mbetej i njëjtë me mijëvjeçarë të tërë.

Por kur Besimi filloi të përhapej dhe njerëzve u dukej argëtuese ideja për të lëvizur malet, këto të fundit nuk bënin gjë tjetër veçse ndërronin vend, duke e bërë përherë e më të vështirë t'i gjeje në vendin ku i kishe ndeshur një natë më parë, gjë që, padyshim, më shumë krijonte probleme se i zgjidhte ato.

Njerëzit e mirë zgjodhën ta braktisnin Besimin dhe tani malet mbesin në përgjithësi në vendin e tyre.

Kur në rrugë ka rrëshqitje dheu, ku vdesin udhëtarë të ndryshëm, ndodh sepse dikush, shumë larg ose dhe krejt afër, ndjen një thërrmijë shumë të lehtë besimi.

Eklipsi

Kur frat Bartolome Arrazola u ndje i humbur, e pranoi se asgjë s'mund ta shpëtonte.

Xhungla e plotfuqishme e Guatemalës e kishte vënë poshtë, paepshëm dhe njëherë e mirë. Përballë padijes së tij topografike, ndjeu ta pranonte vdekjen me qetësi. Donte të vdiste atje, pa asnjë shpresë, i ishulluar dhe me mendimin e ngulmët në Spanjën e largët, veçanërisht në manastirin Los Abrojos, ku Carlos Quinto lëshoi pe dikur të zbriste nga hirësia e tij e t'i thoshte se kishte besim në zellin fetar të punës së tij shpërblyese.

Me t'u zgjuar, e pa veten të rrethuar nga një grup indigjenësh me fytyra të palëvizshme, që po gatiteshin ta bënin fli para një altari, një altar që Bartolomeut iu bë si një shtrat ku do të prehej, më në fund, prej frikërave të tij, fatit, prej vetes.

Tre vitet në atë vend i kishin mundësuar një zotërim mesatar të gjuhëve vendase.

"Po provoj diçka". Tha disa fjalë që ia kuptuan.

Atëherë iu çel në vete një ide, që iu duk e denjë për talentin e kulturën universale dhe për njohjen e tij shteruese të Aristotelit. Iu ndërmend se atë ditë pritej një eklips i plotë i diellit. Dhe vendosi, në mendimet e veta më të fshehta, të përfitonte nga kjo njohuri për të mashtruar katilët dhe për të shpëtuar jetën.

- Nëse më vrisni, – u tha, – mund të bëj që dielli të nxihet aq lart sa është.

Indigjenët e panë me ngulm dhe Bartolomeu vërejti me habi mosbesimin në sytë e tyre. Pa se u formua një këshill i ngushtë dhe priti me besim, por jo pa njëfarë përçmimi.

Dy orë më vonë, zemra e frat Bartolome Arrazolës kullonte gjak të vrullshëm mbi gurin e blatimeve (rrëzëllitës nën dritën e errët të një dielli në eklips), ndërsa një prej indigjenëve këngëzonte pa asnjë lakim zëri, pa kurrfarë nguti, datat e pafundme të eklipseve diellore e hënore, që astronomët e fisit Maja kishin parashikuar dhe shkruar në kodikët e vet, pa ndihmën e vyer të Aristotelit.

Delja e zezë

Në një vend të largët, shumë vite më parë, na ishte një dele e zezë.

E pushkatuan.

Një shekull më vonë, turma e penduar i ngriti një statujë mbi kalë, që dukej shumë bukur në park.

Kësisoj, më vonë, sa herë që shfaqeshin dele të zeza, i ekzekutonin menjëherë, në mënyrë që brezat e ardhshëm të deleve të zakonshme të mund të ushtroheshin në skulpturë.

Pasqyra që nuk mund të flinte

Na ishte një herë një Pasqyrë dore, që kur mbetej vetëm dhe askush nuk shihej në të ndihej shumë keq, sikur nuk ekzistonte, e kushedi, ndoshta kishte të drejtë; por pasqyrat e tjera e vinin nën lojë dhe kur natën i vinin në të njëjtin sirtar të komodinës, e bënin gjumin top, duke i harruar fare shqetësimet nevrastenike.

Breshka dhe Akili

Më në fund, sipas kabllogramit, javën e kaluar Breshka mbërriti në finish.

Në konferencën për shtyp deklaroi me modesti që druhej përherë se mos humbte, sepse kundërshtari i vet gjatë gjithë kohës e shkelte në kallo.

Në të vërtetë, një të dhjetëmijëtriliardën sekondë më vonë, si një shigjetë dhe duke mallkuar Zenonin e Elesë, ia behu Akili.

Pëlhura e Penelopës ose kush mashtron kë

Para shumë vitesh jetonte në Greqi një burrë me emrin Uliks (i cili, përveçse fort i ditur, ishte dhe shumë mendjemprehtë), i martuar me Penelopën, fort e bukur dhe veçanërisht e talentuar, ceni i vetëm i së cilës qe dashuria e tepruar për endjen, një zakon falë të cilit kalonte e vetme stinë të tëra.

Legjenda thotë që sa herë Uliksi me mendjemprehtësinë e vet pikaste se, megjithëse nuk e lejonte, ajo edhe një herë ia fillonte së pari njërës prej pëlhurave të saj të pafundme, ai shihej netëve të përgatiste tinëz çizmet dhe një flugë të mirë, deri kur, pa i thënë asgjë, dilte t'i binte botës kryq në kërkim të vetvetes.

Në këtë mënyrë, ajo vazhdonte ta mbante larg, ndërkohë që ua luante mëtonjësve të saj, duke i bërë të besojnë se endte ndërkohë që Uliksi udhëtonte dhe jo që Uliksi udhëtonte ndërkohë që ajo endte, siç mundi ta përfytyrojë Homeri që, siç dihet, herëdokur ia fuste gjumit dhe nuk ia kishte idenë asgjëje.

Shqipëroi nga spanjishtja: Elvana Zaimi

SI TË KALOSH ME SINQERITET NGA AKADEMIA NË LETËRSI

Intervistë me shkrimtaren dhe akademiken Lea Ypi

Lea Ypi, autorja e librit autobiografik "Të lirë" është një akademike shqiptare, profesore e teorisë politike në *London School of Economics*.

Ka studiuar Filozofi, si dhe Letërsi e Gazetari në Universitetin Sapienza të Romës, Master i Kërkimeve në Institutin Universitar Evropian dhe doktoraturën nga i njëjti universitet.

Ypi ka interesa të gjera kërkimore në teorinë politike normative, teorinë demokratike, teoritë e drejtësisë, çështjet e migrimit dhe të të drejtave territoriale, mendimin politik iluminist, marksizmin dhe teorinë kritike, si dhe historinë intelektuale të Ballkanit.

Libri i saj i parë jo-akademik "Të lirë" u përfshi në listën e shkurtër për Çmimin *Baillie Gifford* për *Nonfiction* dhe Çmimin *Costa* për Biografinë. *Sunday Times* e vlerëson si libri me kujtime më i mirë i vitit. Vlerësime të shumta ka marrë dhe nga *The Guardian, The New Yorker, The Financial Times, TLS, The Spectator, New Statesman* dhe *Daily Mail*. Gjithashtu, *BBC Radio 4* e serializoi librin në serinë Libri i Javës.

Botime akademike

The Meaning of Partisanship (with Jonathan White), Oxford University Press, 2016.

Global Justice and Avant-Garde Political Agency, Oxford University Press, 2012.

Kant and Colonialism: Historical and Critical Perspectives (co-edited with Katrin Flikschuh), Oxford University Press, 2014.

Migration in Political Theory: The Ethics of Movement and Membership (co-edited with Sarah Fine), Oxford University Press, 2016.

Free: Coming of Age at the End of History, Penguin, 2021.

The Architectonic of Reason: Purposiveness and Systematic Unity in Kant's Critique of Pure Reason, Oxford University Press, 2021.

Intervistoi Dritan Kiçi

Intervistuesi: Mirë se erdhët në "Revista letrare", Lea! Më bëhet qejfi që një autore shqiptare pritet me fjalë jo vetëm të mira, por shumë të mira nga ata që zakonisht shkruajnë për libra të mëdhenj - që do të thotë se edhe ky juaji është një libër i madh - e kjo thuajse në të gjitha mediat e Perëndimit, nga "The Guardian" e me radhë. Për të mos u zgjatur shumë, po e them paraprakisht që nuk do të futem në detajet e librit; lexuesit duhet ta marrin në duar vetë, në shqip, anglisht apo në gjuhë të tjera. Në këtë intervistë dua të fokusohemi më shumë te Lea si autore dhe me procesin e saj të shkrimit. Kjo është besoj më e rëndësishmja për lexuesit e Revistës. Atëherë: ju keni shumë botime të mëparshme akademike, që mund të gjenden në "Oxford Press", një shtëpi botuese universitare. Ky libër del ndryshe: është një ndërthurje thuajse epistolare mes autobiografisë dhe krijimit letrar, duke pasur parasysh edhe që keni përdorur ditarët tuaj. Me pak fjalë: askush nuk e di se ku mbaron autobiografia dhe fillon "fiction" dhe nuk dua t'ju pyes se sa për qind është "fiction" dhe sa autobiografi. Ndaj pyetja vjen natyrshëm: si ndodh kalimi nga shkrimi akademik në atë letrar; si ka ndodhur për ju?

Lea Ypi: Ëëë... Në fakt nuk është një kalim që mund ta konceptualizoj shumë qartë; ka qenë një kalim i natyrshëm. E nisa librin si një vepër të shkruar për një publik të gjerë. Librat akademikë kanë zakonisht një publik akademik, që i referohet një literature të caktuar. Të gjithë librat e mi, deri tani, kanë qenë akademikë, që fillonin me një debat të caktuar. P.sh., në librin e parë ka qenë debati rreth drejtësisë globale; në të dytin debati mbi konceptin e partive politike. Merr parasysh një zhvillim në fushën e caktuar dhe kontributet e disa autorëve edhe autori, akademik në këtë rast, mundohet ta zhvillojë më tepër literaturën, duke dhënë qasjen dhe kritikën e tij për literaturën ekzistuese. Kurse libri për një publik të gjerë nuk fillon me marrjen si të mirëqenë të një literature akademike, pra

Lea Ypi

FREE
Coming of Age
at the End of History

allen lane

ka një proces kërkimi shumë më të hapur. Për mua, kalimi nga shkrimet akademike tek ato autobiografike letrare ka ardhur si një dëshirë për të shkruar një libër për publikun e gjerë, që ndryshe nga ai akademik nuk është i interesuar për çështjen. Pra mendoj se ky është ndryshimi kryesor mes këtyre dy grupeve të lexuesve. Publiku akademik ka një interes paraprak për çështjen, sepse do të dijë se ku është sot literatura, p.sh., të themi: për të drejtat e njeriut apo për drejtësinë globale, etj. Ndërkohë që për publikun e gjerë gjithkush që hyn në një librari mund ta marrë këtë libër nëse e tërheq tema edhe pa pasur një interes kërkimor për të. E nisa me kërkesën e shtëpisë botuese "Penguin Press" të shkruaja një libër me bazë filozofike dhe mbi studimet dhe kontributet e mia akademike, por që të mos ishte vetëm për akademikët apo studentët e doktoratës. Kjo ftesë më edhi pas kontributeve që pata në disa gazeta, sidomos në "The Guardian", ku kisha një rubrikë të rregullt. Shtëpia botuese u afrua dhe shprehu interesin të shkruaja një libër në tonin e atyre shkrimeve, por për një publik më të gjerë, për çfarëdo të mendoja si një koncept interesant. Kisha shumë kohë që trajtoja temën e lirisë në studimet e mia, ndaj mendova që kjo do ishte një pikënisje e mirë. Duke qenë se do ishte për publikun e gjerë, nuk doja ta shkruaja si një studim abstrakt filozofik, por të kishte shembuj e të merrte ngjyra të ndryshme nga botimet akademike, që janë zakonisht të thata dhe me kortezinë e të përmendurit të autorëve të ndryshëm, që kanë kontribuar dhe që ka një proces komplet tjetër. Kur nisa ta shkruaja këtë libër, ndjeva që gjithnjë e më tepër kisha shembuj që vinin nga Shqipëria apo nga eksperiencat personale. Pra, pjesa biografike u bë gjithnjë e më e rëndësishme për t'i shpjeguar lexuesit konceptet filozofike. Ky projekt lindi shumë natyrshëm dhe përfundoi me librin "Të lirë", që në fakt është një autobiografi letrare, me qendër temën e lirisë. Ideja është që nëpërmjet personazheve dhe këndvështrimeve të tyre të zhvillohen qasje të ndryshme ndaj çështjes së lirisë. Gjithçka tjetër ka ardhur gradualisht, pa etapa dhe e kam të pamundur ta sintetizoj.

Intervistuesi: Pra nuk ka një kalim të prerë dhe më pëlqen edhe fakti i dhënies së lexuesit atë që i takon. Kjo do ishte pyetja ime e dytë, ndaj ta zhvillojmë pak më tej. Në këtë libër, i keni dhënë lexuesit origjinalen, të vërtetën siç e mendoni, apo atë që lexuesi dëshiron të lexojë?

Lea Ypi: Jo, sepse autori nuk e di asnjëherë se çfarë kërkon lexuesi. Gjithashtu mendoj se ata libra që nisen me idenë se duhet t'i japin lexuesit atë që kërkon dhe që autori duhet ta gjejë këtë si fillim, për mendimin tim janë libra të sforcuar dhe procesi i shkrimit të tyre nuk është i sinqertë. Mendoj se libri është një lloj dialogu që autori hap me lexuesin, për të shprehur veten, shqetësimet që ka dhe këndvështrimet e tij filozofike, politike apo shoqërore. Autori thotë atë që mendon dhe e gjen apo jo lexuesin është një çështje e hapur, që nuk e mëson dot para se të dalë libri. Përkundrazi, në këtë libër, Shqipëria ka marrë një rol shumë të rëndësishëm. Mbaj mend që kur fillova të punoj për librin dhe u kuptua kjo, dy redaktoret e mia u shqetësuan shumë (kam punuar me dy redaktore të ndryshme, një në Shtetet e Bashkuara dhe një në Britaninë e Madhe). Redaktorja amerikane mendonte se në Amerikë nuk ka treg për Shqipërinë. Pra, lexuesi amerikan nuk ka interes për shtetin shqiptar, për historinë e Shqipërisë dhe për koncepte që kanë lidhje me përvojat që kanë kaluar në Shqipëri. Ishte vërtet e shqetësuar dhe më thoshte: "Ne ta kemi dhënë kontratën si filozofe dhe nuk është se na duhet shumë Shqipëria. Këto janë eksperiencat dhe biografia jote, tregu amerikan nuk është i përgatitur për një libër për Shqipërinë". Këmbëngula shumë me redaktorët dhe shtëpitë botuese që të mbaja këto pjesë biografike, sepse për mua ishin të rëndësishme që të shprehej edhe prejardhja shqiptare e këtyre bindjeve të mia filozofike. E jap këtë si shembull, sepse, nëse do isha orientuar nga kërkesat e tregut e të lexuesit, nuk do e kisha futur fare Shqipërinë në libër, do kisha bërë atë që m'u kërkua: të tregoja nga ana filozofike çështjet e lirisë, me shembuj nga vende të ndryshme të botës. Pra, të përdorja atë ekspertizë që kisha krijuar me ato opinione të shkurtra në "The Guardian", etj.

Pra, Shqipëria në libër është një aksident i bukur, që ndodhi kundër këmbënguljeve dhe pritshmërive të lexuesve.

Intervistuesi: Dua t'ju falënderoj për këtë, sepse, në një mënyrë, i keni hapur rrugën dhe shkrimtarëve të tjerë që të shkruajnë gjëra "të palexueshme". Duke marrë parasysh gjithë këtë: a ju lodh shkrimi, kërkimi dhe marrëdhënia me redaktorët dhe shtëpitë botuese?

Lea Ypi: Jo, nuk është e lodhshme. Sigurisht që ka një lloj mundimi me krijimin, gjithmonë, sepse çdo punë ka mundimin e vet, por më pëlqen shumë marrëdhënia me redaktorët; kam pasur fatin të kem redaktore shumë të mira. I mirëpres kritikat e tyre dhe jam fleksibël si shkrimtare. Nuk jam nga ato që kur më thonë se duhet të heq këtë fjali apo paragraf, të ngul këmbë tek e imja. Në anglisht ka një shprehe: "You need to kill your darlings/ Duhet të vrasësh të dashurit e tu" dhe unë nuk e kam shumë problem që t'i vras. Kur mendoj se vërejtjet kanë baza apo që do t'i shërbejnë tekstit, jam shumë e hapur ndaj sugjerimeve. Pra nuk më lodh; siç e thashë, çdo gjë ka lodhje në krijim, por sidomos pjesa e të shkruarit më pëlqen, është e bukur. Më i lodhshëm është procesi për të pasur tekstin e shkruar, sepse një pjesë bëhet kur shkruan dhe pjesa tjetër kur mendon për atë që do shkruash. Mendimin e ke gjithnjë me vete, kudo që je, ndaj edhe kjo është pjesa më e lodhshme, e vështirë.

Intervistuesi: Të qenit shkrimtar kërkon një ego shumë të madhe. Duhet të marrësh mbi vete dëshirën e madhe për të thënë; për t'u dhënë mend të tjerëve apo për t'u thënë historinë tënde. Sa e madhe është kjo ego te ju, në raport me Lean si bashkëshorte, nënë...?

Lea Ypi: Nuk do ta quaja ego. Do thosha që çdo shkrimtar ka nevojë për një lloj vetmie. Do ta përkufizoja këtë si nevojë për të qenë vetëm me veten, vetëm me mendimet e tij. Kjo lloj vetmie ndoshta i përjashton të tjerët dhe mund të duket si ego, por nuk e shoh si të tillë. Kjo është diçka e domosdoshme për të përpunuar mendimet, shkruar dhe arritur një qëllim krijues apo artistik. Autori duhet të jetë vetëm; të ketë hapësirë të rrijë vetëm, të lexojë, mendojë e studiojë... Dhe më pëlqen kjo vetmi e krijimit, leximit, kur e lë botën jashtë dhe mbyllesh në tënden. Kjo është një pjesë shumë e bukur e krijimit. Nga ana tjetër, flas shumë për punën; me bashkëshortin, me nënën, me shokë e miq, me kolegë e redaktorë... Pra përpiqem të kombinoj vetminë e krijimit, të të shkruarit me diskutimet e dialogun, sepse mendoj që kur i rreh mendimet me të tjerët zhvillohen më mirë.

Intervistuesi: Një nga gjërat më të rëndësishme që vura re te libri ishte një anglishte shumë e ëmbël. Një anglishte e pa sforcuar si ajo e Londrës: e rëndë, me pompozitet... Flasim për anglishten e shkruar gjithnjë. Pra, libri ka një anglishte shumë natyrale. Kjo pyetje është pak me spec: është e gjitha kjo anglishtja juaj, apo ka dorë dhe redaktori në ngjyrim? E bëj këtë pyetje i shtyrë nga fakti se ka plot autorë shqiptarë që shkruajnë në anglisht, italisht apo frëngjisht dhe shpesh as që marrin mundimin t'i redaktojnë veprat e tyre.

Lea Ypi: Pjesa gjuhësore, stilistike është e gjitha e imja. Një nga arsyet e kësaj anglishteje ka të bëjë me filozofinë, me pjesën akademike të punës sime. Nga ana metodologjike i përkas filozofisë analitike, që ndërtohet nga ajo që quhet "ordinary language", gjuha e zakonshme, me të cilën përpiqet të shpjegojë teoritë filozofike e që çdo njeri mund ta kuptojë. Në metodologjinë analitike ka një rezistencë ndaj pompozitetit gjuhësor, që lidhet dhe me traditën kontinentale. Në Belgjikë ku jetoni ju, ka një traditë tjetër filozofike. Ka dhe një lloj rivaliteti mes këtyre dy qasjeve filozofike dhe më ka tërhequr gjithnjë qasja analitike, sepse më duket një filozofi më demokratike, më e hapur. Kush shkruan me një gjuhë që e kuptojnë të gjithë e që është sa më e hapur e transparente, kjo është një demokraci e shkronjave në procesin e edukimit të qytetarëve. Pra, kjo anglishte e librit është e njëjta, në fakt, me atë të librave të mi akademikë. Kështu që redaktorët nuk kanë pasur shumë rol në këtë pjesë, por më tepër, p.sh., në ndërtimin e një paragrafi, përshkrimi i të cilit nuk avancon narrativen e librit. Në këtë proces mund të them se libri ka humbur një kapitull të tërë, pasi redaktorja më tha: "Shiko! Ky kapitull është shumë i bukur, por nuk duhet, nuk tregon diçka që nuk e kanë thënë pjesët e tjera. Me hir e me pahir e vrava atë kapitull, e hoqa. Në këtë pjesë ka qenë më i rëndësishëm redaktimi: në prerje e më pak te gjuha.

Intervistuesi: Këtë pyetje e kisha menduar për në fund, por meqë jemi te redaktimi: a keni një ekip me "beta readers", me lexuesit e parabotimit?

Lea Ypi: Si kavie... Po! Kam mamin, tim shoq dhe nja dy-tri shoqe dhe shokë. Me shkrimet akademike, zakonisht, angazhoj vetëm tim shoq, i cili gjithashtu është akademik i fushës. Ndërsa për këtë libër kam pasur një grup me "kavie", me të cilët kam testuar atë që shkruaja. Kjo ishte shumë e rëndësishme, sepse ishin dhe moshatarët e mi shqiptarë; doja që libri të ish sa më autentik e të lexohej në një mënyrë sa më autentike nga shqiptarët. Pra e kanë lexuar tri-katër shoqe, miq, nga Shqipëria, që kanë kaluar të njëjtat eksperienca, për të provuar nëse narrativa do të rezononte me ta. Për këtë kanë pasur një rol shumë të rëndësishëm, por edhe për faktin që libri ka bindje politike dhe desha të kishte lexues nga i gjithë spektri: nga e djathta, e majta, nga qendra; pra një shpërndarje politike e mendimesh, që më ndihmoi të isha sa më e hapur ndaj qëndrimeve të ndryshme.

Intervistuesi: U bë i njëjti sherr, siç u bë pas botimit në publik?

Lea Ypi: Absolutisht jo! Nuk ka pasur fare. Prandaj edhe sherri në publik, në Shqipëri të paktën, ka qenë pak surprizë, sepse këto "kavjet" që e lexuan përpara nuk vunë re asgjë shqetësuese.

Intervistuesi: Ma ha mendja që, ata që flasin, nuk e kanë lexuar fare. Nuk më duket se libri mban ndonjë anë për t'u revoltuar; të gjithë kemi bindjet tona, por kjo nuk do të thotë që... Historia e librit është aq e sinqertë dhe nuk ka asgjë të shtirur. Megjithatë mos të hyjmë në këtë debat. Çfarë këshille do i jepnit shkrimtarëve të rinj, që duan të kalojnë nga jeta akademike në letërsi?

Lea Ypi: Nga ana praktike? Këshilla ime kryesore është që të mos mundohen të gjejnë atë që kërkon tregu, por të jenë vetvetja. Kjo është shumë e rëndësishme si shkrimtar. Të shkruarit shërben të shprehësh veten, botëkuptimin dhe këndvështrimin e autorit. Është tepër e vështirë të shkruash e të kërkosh se çfarë do lexuesi, tregu. Pra, do i këshilloja të ishin vetvetja. Pastaj suksesi vjen apo nuk vjen; nuk mund ta lidhësh procesin e shkrimit me garancinë e suksesit.

Intervistuesi: Që do të thotë më shumë sinqeritet dhe vetironi...

Lea Ypi: Shkrimtari duhet të jetë i sinqertë dhe i guximshëm, pa pasur frikë nga reagimet.

Intervistuesi: Ajo që vë re unë në përgjithësi këto vitet e fundit, është një mungesë sinqeriteti në letërsinë shqipe. Të gjithë përpiqen të shkruajnë tema të mëdha, por pa sinqeritet. Dhe ajo që gjeta tek "Të lirë" ishte sinqeriteti, pa dëshirën për t'i bërë qejfin njërit apo tjetrit. Dua të këmbëngul pak te kjo: mendoni se letërsia jonë sot, por edhe në të kaluarën, ka një mungesë sinqeriteti, një frikë për përballje, për katarsis? A mendoni se ka ardhur koha që ta bëjmë diçka të tillë, në përgjithësi me letërsinë dhe botimet, të jemi më të hapur ndaj ideve, pa qenë i majtë, i djathtë, i kuq, i verdhë, jeshil...? Më falni që u hallakata pak me këtë... Nëse do u jepnit shkrimtarëve të rinj një këshillë në këtë aspekt, cila do ishte?

Lea Ypi: Nuk do e jepja një këshillë të tillë. Nuk jam autoritare dhe mendoj se çdo shkrimtar duhet ta gjejë vetë rrugën, sinqeritetin... Nuk mendoj se shërben që një shkrimtar të këshillojë një tjetër në këtë aspekt. Mendoj se letërsia është dialog që ndodh në shoqëri; shkruhet një libër e dikush reagon... Për më tepër nuk mendoj se jam dikush që duhet të japë këshilla, sepse nuk kam ndonjë këshillë të madhe për të dhënë. Them se njeriu duhet të bëjë atë që mendon, të shkruajë atë që beson... Nuk i besoj shumë këtyre autoriteteve që këshillojnë.

Intervistuesi: Atëherë po ju vendos në atë pozicion: zëreni se jemi në një ambient akademik. Ju jeni docenti e unë jam auditori. Cila do ishte këshilla që do më jepnit, që unë të hap zemrën e t'i them të gjitha me shkrimin tim? Në mënyrë filozofike kjo.

Lea Ypi: Në mënyrë filozofike them se shkrimtari shkruan kur shqetësohet. Për mua ishte e rëndësishme të gjeja shqetësimin, pra edhe mendimet dhe bindjet e mia politike e filozofike vijnë nga fakti që kam disa shqetësime për shoqërinë ku jetoj, si jashtë vendit, ashtu edhe në Shqipëri. Pra, vepra letrare apo kontributet akademike janë një reagim ndaj këtyre shqetësimeve. Shkrimin e shoh si një aktivizëm social, shoqëror. Ndaj e gjej të vështirë të jap këshilla, sepse kjo është një ndjeshmëri që çdo shkrimtar duhet ta ketë të brendshme dhe e ka këtë ndaj shqetësimeve shoqërore, çështjeve që diskutohen në publik apo debatet intelektuale. Kur e gjen këtë shqetësim, vazhdimi është një zinxhir me reagime që vijnë vetë. Nuk e di vërtet. Nuk më duket se kam ndonjë urtësi të veçantë për të transmetuar.

Intervistuesi: Ju kërkoj falje për këmbënguljen, por kjo pikë ishte shumë e rëndësishme. Në libër vura re një lloj ftohtësie, distancimi në rrëfim, një mungesë e ndjenjës së dhimbjes së atëhershme; veç një narracion i atyre që mbani mend të kenë ndodhur atëherë, por pa ngarkesën emocionale. Ky mendoj se është komoditeti i librit. Megjithatë, mendoni se mund t'i kishit dhënë një dramacitet më të madh rrëfimit, apo profesioni, filozofia, ka ndikuar në këtë rast?

Lea Ypi: Ky filloi të shkruhej si një libër filozofik. Ideja ishte të eksploronte konceptin filozofik të lirisë. Ftohtësia në këtë rast mund të quhet racionalitet. Ky është një libër shumë racional, sepse çdo kapitull ka në qendër një mënyrë për të konceptuar lirinë. Edhe ndarja e librit në dy pjesë, si dhe çdo kapitull trajton një çështje filozofike. Kjo mund të jetë jo shumë transparente, por ama ka qenë shumë e rëndësishme kur kam ndërtuar strukturën e librit. Më tej, stili ka të bëjë edhe me edukimin profesional akademik, me autorët që të pëlqejnë dhe influencat letrare. Nuk jam tërhequr asnjëherë nga letërsia sentimentale, më ka pëlqyer ajo racionale filozofike, që tregon koncepte më shumë sesa ndjenja ose që i trajton ndjenjat përmes koncepteve.

Intervistuesi: Ku e ndjeni më mirë veten në auditorium, apo në tavolinën e shkrimit?

Lea Ypi: Në të dyja rastet, sepse janë të lidhura. Në auditorium marr shumë ide, u përgjigjem pyetjeve, stimulohem dhe aty filloj të mendoj për gjëra që duhen shkruar apo sqaruar më mirë, shpjeguar... apo dhe kritika që duhet t'u përgjigjem. Kur ulem të shkruaj, është si në një laborator, ku elaboron stimujt që ke marrë në auditorium apo ato që ke dëgjuar. Për mua dialogu është një vegël shumë e rëndësishme për zhvillimin e ideve.

Intervistuesi: Keni ndonjë listë me libra apo autorë, që duhet t'i lexojë çdo autor i ri? Në këtë rast e kam fjalën më shumë për ata djem e vajza që do fillojnë të shkruajnë në anglisht.

Lea Ypi: Kam një listë të përgjithshme; them se gjithkush duhet të lexojë klasikët. Për mua kanë qenë shumë të rëndësishëm, duke filluar nga letërsia klasike greke, deri te letërsia e shekullit XIX apo XX. Më tërheq shumë letërsia ruse, sidomos Dostojevski dhe Tolstoi. Mendoj se Dostojevski duhet lexuar patjetër. "Djajtë" e kam lexuar tri herë në tri gjuhë të ndryshme dhe e kam si bibël, që ua rekomandoj të gjithëve. Mendoj se leximi duhet shtrirë edhe përtej letërsisë: në filozofi, histori, politikë... të marrësh stimuj nga fusha të ndryshme.

Intervistuesi: Keni thënë që personazhet janë gjysmë realë; çfarë do i detyroheshit atyre që i keni përdorur si personazhe?

Lea Ypi: Të vetmet personazhe të dallueshme janë të familjes: babai, nëna, gjyshja, vëllai. Të tjerët nuk do ta gjejnë dot veten; janë një përzierje personazhesh. Te gjithkush ka pjesë nga një njeri i vërtetë, por askush nuk e gjen dot veten plotësisht, sepse nuk kisha miratimin e tyre për të shkruar. Kjo ishte dhe një bisedë e rëndësishme me shtëpitë botuese, për të cilat ishte shumë e rëndësishme, edhe nga ana ligjore, që të mos kishte asnjë personazh të jashtëm që të mos i ishte marrë miratimi. Shoqet e mia të fëmijërisë, kur e lexojnë librin, ndoshta shohin elemente, nga tre-katër personazhe, që i kanë njohur.

Intervistuesi: Sa libra apo projekte keni tani në duar?

Lea Ypi: Akademikë kam dy ose tre, ndërsa letrarë kam dy dhe njërin kam nisur ta shkruaj.

Intervistuesi: Përse flet?

Lea Ypi: Ka si temë dinjitetin. Sepse, siç e thashë, librat i filloj mbi një ndjeshmëri filozofike; një koncept që dua ta zhvilloj dhe narrativa i shërben këtij koncepti. Si kontekst do jetë Shqipëria e viteve '12 deri '46. Është historia e gjyshes, për të cilën kam folur pak dhe tek "Të lirë", jeta e saj dhe peripecitë që ka kaluar në Greqi dhe Shqipëri.

Intervistuesi: Si e ndjeni veten me suksesin?

Lea Ypi: Nuk e di... Është pak pyetje e çuditshme... Mendoj se suksesi shkon e vjen. Kur e arrij nuk më gëzon, sepse mendjen e kam te projekti tjetër. Tani që "Të lirë" ka dalë e po përkthehet në gjuhë të ndryshme, kam filluar punën për tjetrin. Jam shumë e shqetësuar për këtë që po shkruaj dhe as që arrij ta shijoj suksesin e të parit, me ankthin nëse do ja dal dot me librin tjetër. Suksesi shkon e vjen, ndaj nuk duhet të gëzohesh tepër, por as ta nënvleftësosh.

Intervistuesi: Mes akademikes dhe shkrimtares, kush është më e bukur, më lozonjare?

Lea Ypi: Nuk e di! Janë të ndryshme. Më pëlqen shumë akademia, marrëdhënia me studentët, leksionet, debati me ta, kritikat apo kur sfidohem prej tyre nga ana intelektuale, sepse ka një lloj tjetër intensiteti intelektual, që është ndryshe nga bota përtej akademisë, ajo e letërsisë artistike. Nga ana tjetër, letërsia; të kem një liri krijimi, që në akademi nuk e ke, sepse je gjithnjë i bazuar mbi literaturën që ekziston. Pra ka një konsensus shkencor, me të cilën fillon çdo vepër. Në akademi më pëlqen debati dhe integriteti intelektual, ndërsa në letërsi liria e krijimit dhe fakti që libri të bën të komunikosh me lexuesin e gjerë, që njerëz të ndryshëm, nga vende të ndryshme të botës, të gjejnë veten te historia jote, gjë që nuk ndodh në akademi. Tani marr shumë e-mail nga lexues nga vende të ndryshme, që më thonë: "Lexova librin tënd dhe m'u kujtua fëmijëria në Vietnam". Apo: "Jam nga Uzbekistani. Ia dhashë librin nënës sime dhe më tha që kështu ishte edhe atje". Kjo është një lloj kënaqësie, që nuk të vjen nga shkrimet akademike.

Intervistuesi: Si është një ditë tipike juaja kur shkruani?

Lea Ypi: Nuk është se kam një jetë krijuese. Është një jetë akademike, e përzier me atë krijuese. Kur shkruaj, kam një strukturë paraprake të librit, pak a shumë të ndarë në kapituj. Për çdo kapitull lexoj shumë dhe pas kësaj ulem e shkruaj. Pra, e kam të ndarë: një pjesë është leximi dhe pastaj ulem e shkruaj.

Intervistuesi: Si mesatare, sa shkruani në një ditë?

Lea Ypi: Nuk kam një mesatare, sepse ka ditë që nuk shkruaj fare, vetëm lexoj dhe ka javë që ulem dhe vetëm shkruaj. Nuk jam aspak shkrimtare e disiplinuar. Ka raste kur shkruaj gjithë ditën e gjithë natën dhe nuk ngrihem nga tavolina pa mbaruar kapitullin. Por ama nuk kam disiplinë dhe të njëjtën gjë nuk e bëj prapë të nesërmen. "Të lirë" e shkrova nga marsi në shtator; i kisha vënë qëllim vetes të shkruaja çdo javë nga një kapitull me 3000-4000 fjalë. Java për mua është 5 ditë, sepse jam me fëmijë dhe fundjava është për ta. Pra mesatarisht 3000-4000 fjalë në javë kur i pata vënë qëllim vetes të mbaroja librin. Më tej, gjithçka varet nga ajo që po shkruaj, a e ndërpret dot apo jo; mund të ulem në 11 të natës e të shkruaj deri në 4 të mëngjesit... nuk kam rregulla.

Intervistuesi: Një gjë e rëndësishme për shkrimtarët është marketizimi i librave. "Revista letrare" dhe "RL Books" po përpiqen t'i nxjerrin shkrimtarët nga Shqipëria, që të shiten nëpër botë, por është shumë e vështirë. Cila është gjëja e parë që duhet të bëjë një shkrimtar për marketizimin e veprës së tij?

Lea Ypi: Nuk e di, sepse nuk e kam pasur vetë këtë përgjegjësi. Edhe marrëdhënien me shtëpinë botuese nuk e kam bërë vetë. Kam pasur një agjenci, që është marrë me paraqitjen dhe shitjen e projektit te shtëpia botuese. E vetmja gjë që më është dashur të bëj, është të gjej agjencinë.

Intervistuesi: Si e gjetët agjencinë?

Lea Ypi: Ma rekomandoi një koleg akademik, por që ka shkruar edhe libra për publikun e gjerë. Në rastin tim ishte pak ndryshe, sepse kërkesa e parë për të shkruar librin më erdhi nga shtëpia botuese, pra kish një lloj interesi fillestar prej saj. Agjencinë e kontaktova duke pasur një shtëpi botuese të interesuar. Agjencia ime nuk pranon dërgesa pa rekomandim dhe ky proces mendoj se është më i vështiri për shkrimtarët. Kam pasur gjithnjë dëshirë të shkruaj letërsi. Kam shkruar e botuar tregime kur isha 16 vjeç dhe arsyeja pse e rinisa seriozisht kaq vonë ishte sepse nuk dija se si ta filloja këtë proces. Letërsia është një proces i rrezikshëm; ulesh e shkruan një libër dhe nuk e di në do të ta botojë kush apo jo. Për mua, si një person që nuk merr rreziqe për punën dhe karrierën, kjo ka qenë një barrierë shumë e madhe. Pra u ula të shkruaj një libër për publikun e gjerë kur më erdhi botuesi e më sugjeroi, jo se e shkrova e më pas kërkova një shtëpi botuese. Kjo është edhe mungesë kuraje nga ana ime, sepse ka plot shkrimtarë që kanë një dëshirë djegëse për t'u bërë dhe e bëjnë, por nuk jam një nga ata. Megjithatë, për të hyrë në tregun e anglishtes, agjencia është shumë e rëndësishme dhe shumë e vështirë, sepse nuk ka një formulë. Mund të bësh një letër shoqëruese të përsosur për dorëshkrimin dhe të të injorohet...

Intervistuesi: I lexoni komentet që bëhen për librin në internet? I ktheni përgjigje? Revoltoheni?

Lea Ypi: Mundohem të mos revoltohem... tani ka raste që edhe mërzitem, sepse shpesh ndodh që sheh komente që nuk të duken "fair". Mendoj se njeriu revoltohet kur i atribuohen motive që nuk i ka pasur. Një nga gjërat... jo se më revolton, por që më vjen pak keq kur thonë: "Libri i Lea Ypit ka pasur sukses, sepse i ka dhënë të huajve Shqipërinë që ata donin të shihnin". Ndërkohë, në procesin e botimit të librit, të huajt as që donin ta shihnin Shqipërinë fare. Kur të thonë se libri është bërë i suksesshëm prej Shqipërisë... në fakt, libri është bërë i suksesshëm pavarësisht nga Shqipëria. Sepse e vërteta është që donin ta hiqnin fare Shqipërinë nga libri. Ky është një shembull konkret: kur lexon se libri është i suksesshëm se e ka bërë Shqipërinë ekzotike, ndërkohë ti e di se sa ke hequr për t'i mbajtur aty ato pjesë të Shqipërisë që rrëfejnë historinë e një kombi dhe për t'i hapur rrugën autorëve të tjerë, për t'i treguar botës se ka tekste që, sado të vogla, sado të errëta, të çuditshme e misterioze, kanë diçka për të kontribuar në letërsinë e përgjithshme... Këta janë ca shembuj të vegjël, që kur i lexoj komentet them OK dhe më vjen keq. Nuk i përgjigjem kujt me inat, sepse mendoj se çdo njeri, edhe kur bën komente negative, nuk është se do të jetë i keq. Nuk u atribuoj qëllime të këqija, them se kanë bindjet e tyre dhe ashtu e lexojnë atë që kam shkruar. Ndoshta ndonjëherë e teproj pak me ironinë...

Intervistuesi: E kam vënë re edhe garën që keni me akademikun e dështuar me flokët e gjata, Marksin, kush del në vend të parë në shitje në Amazon...

Lea Ypi: (qesh)

Intervistuesi: Pyetja e fundit: e kërkoni veten në Google?

Lea Ypi: Po. Patjetër, sepse më duhet edhe si pjesë pune. Për anën akademike është e rëndësishme të dihet se çfarë është botuar; kush më ka cituar... Kurse nga ana e marketingut është e rëndësishme të dish se ç'po thuhet kur duhet të japësh të drejtat e shitjes së librit... Për të parë se cilat janë pritshmëritë e tregjeve të ndryshme dhe kjo është një "detyrë" që ma ka dhënë shtëpia botuese, që të ndjek interesin ndaj librit. Pra, nuk 'gugëlloj' për qejf, por për punë.

Intervistuesi: Këto ishin gjithë pyetjet e mia dhe faleminderit për përgjigjet shteruese! Suksese dhe presim me shumë kuriozitet librin e ardhshëm!

IRMA KURTI

Nuk jam grua, nuk jam as fëmijë

Litarë shiu krijojnë burime të vegjël
në xham, unë sodis mbështetur pas
tij, më kot rrekem të dalloj një shenjë,
një gjurmë a fjalë që prej teje mbërrin.
Nuk jam një grua, nuk jam as fëmijë.

S'më mjaftojnë mesazhet, s'mjaftojnë
as lulet që herë pas here dhuratë sjell,
s'mjafton qeshja jote, ai petal i bardhë
që në ajër fluturon, përderisa ndihem
kështu sot: një gjethe e tharë pa ngjyrë
që shiu e godet dhe e rreh pa pushim.

Një gjethe që dergjet në krahët e erës,
përplaset në tokë a mbi bar, e lodhur
nga ditët e gjata të pritjes, pa mundur
kurrsesi që të gjejë degën, pemën e saj.

Nuk jam një grua, nuk jam as fëmijë.

Në gishta mbaj akull

Doja vetëm të të dëgjoja zërin,
zemra do t'më çelej me dritë,
përmes telit të telefonit, si një
burim do të rridhte gëzimi im.

Cicërima zogjsh, petale lulesh,
pranverë do të mbaja në duar,
këtë botë të frikshme e kaotike
do e shihja me sy të dashuruar.
Doja vetëm të të dëgjoja zërin,
që të prekja një çast lumturinë,
por gishtat mërdhijnë tashmë
edhe në to mbaj akull e ngricë.

Sikur nata të kishte dritë

Sikur nata të kishte më shumë dritë
mendimet s'do të ishin kaq të zymta,
brishtësitë e mia s'do dilnin lakuriq
si njolla, hije të rëndomta në errësirë.

Sikur nata të kishte më shumë dritë
unë do të zbrisja në rrugë e hëna me
ndriçimin e zbehtë, të lodhur si neon
do të më bënte shoqëri, do të kërceja
e përqafuar fort me mendimin për ty.
Do të vallëzonim një vals fare të lehtë
me ritmin e valëve që puthen në breg.

Sikur nata të kishte më shumë dritë...

Buzëqeshja ime

Buzëqeshja ime kishte humbur diku
në mjegullën e këtij qyteti, në vrapin
e çmendur, në grinë e ditëve dhe në
errësirën e netëve. Dhe nuk e di se si
ndodhi, kush të solli në rrugën time,
nuk kujtoj nëse ishte një ditë me re a
me diell, e kthjellët, e kaltër a me shi.

Mbaj mend se një çast, krejt papritur,
buzëqeshjen time e rigjeta në pasqyrë;
ditët u veshën me ngjyra dhe nuanca
pafund, ylberi mbi mua pikonte dritë.

Do t' i zhvesh fjalët

Do t'i zhvesh fjalët një e nga një
si pemë kur gjethet bien në tokë,
do i zhvesh nga të gjitha ndjesitë,
nga ngjyrat e ylberit, nga magjia
që ditëve të mia u ke dhuruar ti.

Do t'i zhvesh sepse sa herë i nis
tek ti si disa zogj të hareshëm që
e puthin kaltërsinë, ti nuk i pret
krahëhapur, pezull i lë në ajër.
I shoh teksa bien porsi shpendë
të plagosur, në tokë përpëliten,
zemra rrahjet numëron në pritje.

Unë do t'i zhvesh fjalët, por ato
ngjajnë që tani si degë pemësh
në dimër, si plazhi i braktisur,
një breg pa guaska, pa gjurmë.
E zhveshur ndihem edhe unë,
ftohtësia jote mornica lë në trup.

Kthehu tek unë

Kthehu tek unë po s'je i lumtur,
nëse ditët i ke veshur me vetmi,
nëse katër muret e asaj shtëpie,
nuk të bëjnë të lumtur kurrsesi.
Jashtë stuhitë çajnë qiellin dhe
rrufetë janë të vetmet neone që
ndriçojnë n'rrugë, pikat e shiut
përplasen në çati e trokitjet në
derë imitojnë. Kthehu tek unë!

Rrëketë e shiut do i grumbulloj
në duar si pellgje të vegjël plot
me ujë, rrufetë do t'i shndërroj
në llamba, rrugën ta ndriçojnë
sonte kur të kthehesh tek unë...

Një dimër i gjatë na pret

Një dimër i gjatë na pret të dyve
brenda katër mureve të një shtëpie
që më nuk na njeh, brenda një jete
që nuk na përket, unë këtu e ti atje.

Një dimër i gjatë na pret dhe s'e di
nëse rrugët që na ndajnë do të jenë

me akull dhe borë, nëse kilometrat
do të zgjaten si krahë të lodhur, që
nuk arrijnë të të përqafojnë më dot.

Një dimër i gjatë na pret të dyve
dhe unë gjethen e fundit të vjeshtës
si një letër, në adresën tënde e sjell.

Irma Kurti është poete, shkrimtare, autore e teksteve të këngëve, gazetare dhe përkthyese. Ka filluar të shkruajë e të botojë që në moshë të vogël.

Për poezinë dhe prozën i janë akorduar 60 çmime në konkurse të ndryshme letrare, ndërmjet të cilave shumë çmime të para në Itali e Zvicër. Ka shkruar rreth 150 tekste këngësh dhe është pjesëmarrëse në festivale të muzikës së lehtë në Shqipëri, Kosovë e Maqedoni.

Ka botuar njëzet e tre libra në gjuhën shqipe, shtatëmbëdhjetë në italisht dhe gjashtë në anglisht. Po ashtu, është përkthyese e 8 librave të autorëve të ndryshëm, si dhe e të gjitha veprave të saj të përkthyera në italisht dhe anglisht.

ENRIKETA KALLDRËMXHIU BARBEY

"Seksualiteti, pavarësisht moshës, është prekja, kënaqësia, kontakti me trupin e tjetrit".

Franco Nouvo

Slow gym[1]

Moti shkëlqeu gjatë gjithë javës. Një pranverë e vogël atë fillim shkurti. Diell e ngrohtësi marramendëse. Jozefi dhe Olga po shëtisnin si zakonisht para drekës. Me shkopinjtë e ecjes nordike dhe këpucët paksa të rënda të dëborës, me thumba, për të shmangur rrëshqitjet, ecnin rrugës së gjatë. Herë-herë përshëndetnin me kokë apo me gjuhën e tyre *Bonjour*[2] marshuesit jo të paktë me të cilët këmbeheshin. Nga të tjerët, përshëndetjet vinin në shumë gjuhë. Ata kuptonin pak a shumë përshëndetjet e vendasve me gjermanishten e tyre tepër të veçantë, atë të Haute-Valais, që në fakt ishte ndryshe edhe nga ai i gjermanishtes së Zvicrës; një dialekt më vete. U këmbyen me një grua në moshë, që shëtiste me hapa të ngadaltë dhe këndonte një arie operete. I buzëqeshën, duke e shoqëruar me *bonzhurin* e tyre. Tjetra ua ktheu po me buzëqeshje e me *Bonjour* (paskësh qenë e tyrja), pasi pushoi pak arien për ta rimarrë përsëri katër-pesë hapa pas tyre. Të dyve u ndritën sytë nga një ngazëllim i veçantë, shkaktuar nga pozitiviteti i 'sopranos'.

* * *

Ngadalësia e Andresë për t'i hapur portën e apartamentit kur Jozefi trokiti atë mëngjes shiu të para dyjavësh, i kaploi mendimet. Jozefi e ndihmonte herë-herë me ndonjë shërbim.

---

1. *Gjimnastikë e ngadaltë*
2. *Mirëdita në frëngjisht*

Në mbrëmje i kishin rënë në sy fenerët e ndezur të veturës së Andresë, plakut 99-vjeçar, që banonte një pallat më tej. I vetëm që prej pesë vjetësh, kur e shoqja kishte ndërruar jetë. Gjithë natën e kaloi i merakosur, ndaj nuk priti as të mbaronte mëngjesin e zakonshëm me Olgën, copën e bukës së thekur me gjalpë e reçelin e luleshtrydheve, që gruaja e përgatiste vetë në shtëpi. Ajo ngriti cepin e vetullës së majtë, karakteristike e saj, për ta pyetur pa fjalë për nxitimin e tij.

- Erdha, - i tha ai shpejt e shpejt, duke veshur xhupin.

Andre, tek e pa në prag të derës, e kuptoi menjëherë qëllimin e ardhjes së tjetrit.

- Ah, e di, i kam lënë ndezur. Sa do dilja tani, nuk është e nevojshme t'i jap çelësat e veturës sot.

Andre nuk arriti as ta mbaronte fjalinë, kur sytë e Jozefit dolën vendit nga ajo çka panë pas kurrizit të plakut. Trupi lakuriq i një femre vrapoi për nga banja me rrobat shuk shtrënguar në gjoks.

- E pe? Epo, ja që edhe në moshën time ca lloj gjimnastikash seç bëjnë mirë.

"Bëjnë mirë, bëjnë mirë", i buçitën në vesh për gjatë gjithë javës fjalët e Andresë. Nuk duroi dot më. Pas kafesë së mbasdites së ditës së tetë e ndau sekretin me shokun e tavolinës së kafenesë së përhershme në buzë të Sarinës, lumit që përshkon qytetin e Friburgut.

- Oh sa e bukur, - ia ktheu ai, kur Jozefi i përsëriti fjalët e Andresë për gjimnastikën që bënte mirë. -Fantastike! E ç'të keqe ka? Në këtë prag-shekulli të Andresë? Bravo atij!

* * *

Jozefi avanconte ngadalë hapat dhe krahët; lëvizje katër-gjymtyrëshe kjo ecje nordike, por tepër e këshilluar nga ana shëndetësore, se të vinte në punë gjithë muskujt e trupit. Vajza e tyre këmbëngulte që ata ta kryenin me përpikëri. E dëgjonin. Të dy ishin mirë me shëndet, të fortë dhe pa sëmundje të rënda. Ndonjë gjë të vogël si shumë të tjerë, por pa zarar. Zarari i vetëm kish ndodhur kur Jozefi, rreth të shtatëdhjetave, u operua nga prostata.

Me Olgën ishte martuar shumë shpejt. Dhjetë vjet pa fëmijë. Lumturia qe e jashtëzakonshme kur djali u erdhi në derë atëherë kur nuk e prisnin më. Pas tre vjetësh u kishte trokitur edhe vajza, për ta përmbyllur këtë dekor idilik të familjes së tyre të thjeshtë. Olga nuk punoi më. Iu kushtua dy fëmijëve. Rroga modeste e Jozefit si teknik elektrik u mjaftonte të katërve dhe nuk i pengoi të rinjtë (të ndihmuar paksa dhe nga shteti) të diplomoheshin: djali si mjek dhe vajza profesore gjuhe.

E nxehta diellore po i ngjitej në fyt Jozefit. E hoqi xhupin dhe e lidhi në brez si të rinjtë. Imazhi i çifteve nudo, që kishin hasur një ditë më parë në formulën "Romane-irlandeze", propozim i qendrës termale, po i kaplonte mendimet. Të gjithë nudo. Sauna, masazhe me furçë, pastaj gomazh me kripë e vaj për heqjen e gjithë qelizave të vdekura të lëkurës, hyrjen nëpër xhakuzi me ujë të ngrohtë e pastaj të ftohtë për të qarkulluar energjinë... Nuk arrinin t'i kuptonin të gjitha termat e padëgjuara më parë, si YIN e YANG, që u përmendte personeli i qendrës termale, por ndjenë se si lëkurat iu shndërruan në të kadifenjta në duart e njëri-tjetrit. Ai kishte parë një çift në sallën e saunës, shtrirë mbi peshqirë në shkallët e drunjta. Gruaja, hyjni! Nuk guxonte të kthente më kokën e ta shihte. Vetëm se ndjente praninë e saj e fryma pothuaj i ishte zënë. Nuk mundi të rrinte dhjetë minuta, aq sa ish koha e programuar. I kishte bërë shenjë Olgës të dilnin. Pothuajse kishin vrapuar mbi dyshemenë përvëluese të saunës. E njëjta ndjesi kur vraponin të rinj mbi rërën përvëluese të *Côte d'Azur*, në jug të Francës. Ata të dy nuk kishin pranuar t'i hiqnin rrobat e banjës.

- Si të doni, - u kishte thënë djali i personelit të pritjes, - por dijeni se është një ambient natyralistësh.

Këtë paketë javore pushimesh, ku hynte edhe kjo lloj formule në program, ua kishin bërë dhuratë fëmijët për 80-vjetorin e Jozefit. Në stacionin malor "Loekerbad" kishin shkuar disa herë gjatë dimrave. Herë me djalin e herë me vajzën dhe fëmijët e tyre, që merrnin kurse skie. Pastaj edhe vetëm të dy, kur nipërit e mbesat u rritën dhe vajza e djali ishin përherë e më shumë të zënë me punë.

Ai i preku Olgës parakrahun e lakuriqtë. Të dy i kishin

përveshur mëngët nga nxehtësia e diellit. Një dridhje e lehtë e përshkoi nga ajo prekje e kadifenjtë, rezultat i gomazhit të një dite më parë. Ajo i buzëqeshi, duke mos mundur ta fshihte dhe ajo dridhmën e saj të lehtë. U panë ndër sy, të shkrehur në një kënaqësi të pandjerë ndonjëherë. Vazhduan rrugën. Pothuajse pa folur. Duke bërë ndalesa të herëpashershme. Për të rigjetur frymën.

Një stol, i zakonshëm në rrugët shëtitore malore, iu shfaq para. U ulën ngadalë. I buzëqeshën sërish njëri-tjetrit. Jozefi iu ngjit Olgës, ia mori kokën me pëllëmbë e ia mbështeti mbi supin e tij. Gruaja nuk e fshehu habinë nga gjesti i beftë i të shoqit. Nuk e kishin zakon të bënin veprime të tilla në publik. Nuk ishte e moshës së tyre, ishte e brezit të fëmijëve të tyre. Por e mblodhi, u shkrifërua për t'u prehur e qetë mbi supin e burrit të vetëm të jetës së saj, të përkushtuar që prej pesëdhjetë e tetë vjetësh. E kishte njohur që gjashtëmbëdhjetë vjeç. U martuan kur ajo mbushi njëzetë dhe tani sapo kishte shkelur në të shtatëdhjetekatërtat. Nuk kishin guxuar të dilnin lakuriq në banjat termale, por, dreqi e mori, të mbështeteshin të lumtur te njëri-tjetri, larg qytetit dhe syve të fëmijëve, qenkësh një kënaqësi e mohuar së koti.

Me sytë gjysmë të mbyllur, duke lejuar edhe rrezet e diellit t'u depërtonin nëpër pore, u kotën një copë here në valët e një dalldie të re, të rigjetur mes atyre maleve, që fshihnin në gjirin e tyre një nga bukuritë më të mëdha bardhësore të përziera me ngrohtësi. Kudo ngrohtësi atë fillim shkurti. Që nga ujërat termale të shfrytëzuara nga sa e sa qendra e hotele termale të atij stacioni malor. Ftohtësinë e pistave të skive që priste si me thikë fytyrat e skiatorëve në minus tetëmbëdhjetë gradë, ata nuk e njihnin. Nuk bënin ski. Jo për shkak të moshës. Shumë moshatarë të tyre vazhdonin të bënin ski akoma. Olga nuk e kishte provuar kurrë. Jozefi po. Skitë ishin kthyer në sport kombëtar në Zvicër. Jozefi e kishte zbuluar skinë në moshë paksa të madhe, rreth të dyzetave. Të dielave dimërore ngjitej me nipin e tij në para-alpe, në afërsi të qytetit, ndërsa Olga e priste në shtëpi me supën e ngrohtë. Këto kishin mbetur në kujtimet e të dyve. Të kohës para se Jozefi të operohej nga prostata. Bashkë me pamundësinë mashkullore i kishte ardhur dhe mosdëshira për të bërë ski. Tashmë i kalonin të dy të dielat. Supën e darkës e kishte marrë përsipër Jozefi.

- Hajde lëvizim, - i tha së shoqes me pëshpërimë pranë veshit.

Ajo e kuptoi, megjithëse fjalët nuk i dëgjoi. Nuk e kishte edhe aq mirë dëgjimin. Lëvizën me një dëshirë të re. Diçka po i tërhiqte drejt dikuje.... Në atë orë të mesditës, pas shëtitjes, ata i drejtoheshin përherë restorantit buzë përroit për të drekuar, por këmbët i çuan në hotel. Hynë në dhomë. Olga hoqi xhupin dhe e vari në kremastar. Jozefi i kapi dorën dhe e tërhoqi drejt shtratit. Të dy të kuq-spec në fytyrë. Ai e shtriu ngadalë dhe filloi t'i përkëdhelte faqet, flokët, t'i rrëshqiste duart mbi parakrahët e saj të kadifenjta. Pastaj ia hoqi bluzën, edhe këmishën e brendshme e nisi ta prekte kudo me një dëshirë marramendëse. Edhe Olga filloi ta ledhatonte me po të njëjtën dëshirë. Shpejt u gjendën të dy lakuriq mbi shtratin e madh. Jozefit nisën t'i dridheshin duart. Nga droja, apo dëshira e tejkaluar? Prej më shumë se dhjetë vjetësh nuk ia prekte trupin së shoqes... pale seksin. As ajo të tijin. Pas operacionit, ai ndihej i zhburrëruar. Një ditë të bukur, ajo i kishte thënë: "Nuk është më për moshën tonë seksi. Mos të mendojmë më për të". Dhe gjithçka kish marrë fund. Mbrëmjeve, para se të flinin, përqafoheshin për dy minuta e një puthje sqepi, si zogjtë, i linte vendin urimit "Natën e mirë, gjumë të ëmbël" dhe secili kthehej në krahun tjetër.

Olga filloi të dridhej nga përkëdheljet. Një kënaqësi e harruar i kishte mbuluar gjithë qenien. Donte dhe ajo t'ia kthente të shoqit. I përkëdheli gjoksin me fijet e pakta bardhoshe që kishin mbetur mbi të, i preku seksin. Ai përsëri i squllët. Nuk donte t'i mëshonte kësaj loje, të vinte në siklet burrin e vetëm të jetës së saj. E tërhoqi dorën ngadalë prej aty dhe filloi t'i përkëdhelte butas fundbarkun. Jozefi u mundua t'i vihej sipër. U fërkuan dhe u ngjeshën pas njëri-tjetrit. Ngadalë, fare ngadalë. Deri në atë shkrirje trupash e lëngjesh, që ua morën edhe frymën e fundit...

Ra i drobitur në krahë të së shoqes. U ngjitën përsëri bashkë dhe pritën një copë herë të madhe të rigjenin qetësinë pas takikardisë së provokuar. Gjimnastikë e bukur për moshën e tyre. *"C'est ci bon"* i erdhi në kokë Louis Armstrong, me vargjet e këngës së tij të njohur.

Më pas, nën avujt e ujit të ngrohtë, me kokën e dushit që e kalonte ngadalë herë mbi trupin e së shoqes, herë mbi të tijin, Jozefi fërshëllente me zë të mekur, por gjithë ngazëllim, *"C'est ci bon[3]..."*

---

3. *Sa mirë që është*

BAJRAM DABISHEVCI

Mençuria e pranverës është disfatë

Mëngjesin ma vodhën me kura mjekësore,
qengjat se mos s'qenkan kalorës trëndafilash për sheshin
e vogël te ura me ngjyrat e shitura. Por do e bëni me vidra
të ketë lëkurën e shkronjave, dhimbja? "Figurat urrejmë
pa fund", shkruan në govatat me qumësht,
nxjerr nga eshtrat e mi... a thua, fajtor i shenjtë
i mëngjesit të zi?

"Ji në merak, Zoti ynë, e si nuk do bëhet mirë?"-
foli thika me kokën e hedhur të pëllumbit mbi lule,
mbetur vdekur, thua se s'dijnë të lavdërohen qentë,
pse unë qenkërkam, ua, poet,
si shkuma nga shkronjat e librit mbyllur.

Fustani i reve se mos do më luajë dialektike rreng,
kaq i huaj mbërthyer me gozhda shumë, po më heq
trillin e bukur të keqardhjes kërpudha,
mbi qivurin nëpër ajër si bënë numra!

Të rrosh, mbushur meze, raki, vula, firmosje, art lakonik,
qivur, se vetëm unë s'di të të them, nga samizdat s'pillet
Ballkani, pa kuptuar pashallëku i gjysmë mëkatari
e pse mërzitesh, qivur, që vdekja ka zënë vendin
e fshehtë të lirisë?

Ajo që s'fle gjumë, as nën ura më,
por u varin llamarintat rrotë nëpër këmbë të vuajturve,
kjo teknikë mua më qenkërka dashuri!
Ah, që as pluhurit të rrugës nuk është iluzioni një utopi,
bar nga stallë filozofie për zonjë poezinë!

As drejt brigjesh nuk çatis barka e qetë a thua e stuhisë,
pa marr parasysh ndjenjat, atë sfratin idiomatik,
pse truri të ketë një dhomë pa vlerë në motelin e ri?

Natës verore nuk i kam fryrë qiriut

Nuk do të përndiqem nga frika që tirani i mëndafshit
po përmbytet detit të vogël të përçmuar. Ja, koincidenca!

Trishtimi nuk do të banojë asnjëherë në sallon të fjalës
së tharë apo luks i paparë, që edhe kështu ka aftësi
t'mos shihet si leshterik i mendjes së lirë,
fundin e detit s'arrin t'më veshë me hije moli detar.

Mbase historia një mbrëmjeje romantike, si antistrofë
zhvarros patericën e pineskën nëpër panteon endacak
do thotë: "Ha, Lizë! Mishi i pëllumbit, pa kokë, ka shije
mamaje që derës së bordelit të madh... apo nuk e di ti
këtë akoma?"

Sa të uritur, pa koka, për nofullat e këtyre që luten
e për duart tona, ata, dhëmbët katarosh... të të mirësh!

Mos në gramaturë barnatoreje hetuan Zotin e natës
verore, veç unë qiriut me budallallëk s'i kam fryrë?

Vendi im përse zgjedh përherë të ligën?

Të kërkova kaq shumë në këtë Luginë të Vrasësve,
Luginë të Pikëllimit të Paparë, thua se kurrë nuk hodhe
një hap këtej. Po ku e hodhe kufomën time? Mbase uria
që më gërryen egër eshtrat e mbetur të ëndrrës
e thëllimi - akordues telash të fatit, ende më të madh:
Mos më kërko e mos më shkruaj asnjëherë, o Zot!

Gjyqtari pa libër të lexuar më dënon!

"Gjyqtari me zanat blu, lexon: Arti modern me iks
ngjyrë demi. Që gjyqtari pa libër të lexuar m'dënon
për katër vargje, ai me syza plastike nga mish muri të burgut,
si të lehuri kinez nga shitorja: "Çdo gjë shitet dhjetë centë".

---

*Bajram Dabishevci lindi në Prishtinë, ku edhe kreu studimet
e larta për filologji dhe gjuhë shqipe.*

*Disa nga veprat e tij letrare janë: "Perpetual", poezi. "Fundi
i gjeneral Maskarilit", roman. "Bari i ndjekjes", proza poetike.
"Sytë e mi i ke mbi komodinë", poezi. "Lufta dhe paqja e qenve",
proza satirike. "Garsia Lorkë s'duhej të pushkatoheshe, pa
mua!", poezi. "Të përshëndesin të vdekurit!", poezi. "Në Galile
mbolla trëndafilin", poezi. "Maga Puriter", poezi. "Lulet e
errësirës", poezi. "Tëmthi i elbarozave", poezi. "Panegjiriku i
marrisë", ese.*

INTERVISTË ME SHKRIMTARIN AGRON TUFA

*"Atdheu i çdo letërsie është gjuha
në të cilën është shkruar"*

Intervistuesi: *Kam ardhur të flasim për librin tuaj të fundit, por edhe për letërsinë...*

Agron Tufa: Faleminderit për vëmendjen! Kënaqësia është e dyfishtë kur kuvendon me një koleg shkrimtar.

Intervistuesi: *Ka lexues që duan të blejnë një roman, sepse u pëlqen historia e rrëfyer, të tjerë blejnë libra pasi u pëlqen stili i autorit. Për çfarë përpiqeni në krijimtarinë tuaj: për stilin apo rrëfimin?*

Agron Tufa: Midis këtyre dy termave "stil" dhe "rrëfim", sigurisht më i rëndësishëm për shkrimtarin është stili. Kështu është, padyshim, edhe për lexuesin. Kjo botë është e mbushur me rrëfime, rrëfenja, kallëzime, ngjarje e vaki nga më të çuditshmet. Ai që bën dallimin midis narrativave të pambarimta është stili. I jep rrëfimit pavarësi, personalitet dhe një përmasë metaforike të pashtershme në interpretime të vazhdueshme.

Intervistuesi: *Si shkruani, me vullnet apo frymëzim?*

Agron Tufa: Me dëshirë. Kur kjo dëshirë bëhet e përmallshme, e papërballueshme, shkumëzon nganjëherë si xhind brenda shishes, atëherë mendoj se duhet çliruar, në mënyrë që xhindi të mos e shkatërrojë enën e vet brenda teje. Por kjo është shumë romantike. Ndodh tepër rrallë. Realiteti është krejt ndryshe. Përditshmëria ime nuk e ka pasur luksin e frymëzimit. Dhe nuk e di për çfarë frymëzimi mund të flitet pas 13 orësh pune, udhëtimi, studimi, leksionesh, se të tillë e kam pasur çdo ditë deri para dy vitesh. Po nëse keni një familje në shtëpi? Ju duhet që dhe "gjysmës suaj" t'i dhuroni dashuri, pa dhe fëmijët kanë nevojë për vëmendje. Nuk mendoj se jam i vetmi që ndjehet kështu. Nuk ka si ndjehem shumë mirë me frymëzimin pas një dite të vështirë në punë dhe zhurmave shpërqendruese përreth, megjithëse përdorimi i disa metodave ka filluar të japë fryte. Mendoj se suksesi në çdo punë arrihet vetëm nga profesionistët. Njerëz që i kushtojnë kohë të konsiderueshme kësaj pune kanë fituar aftësi profesionale. Për mua, pa metoda të veçanta për të mbështetur motivimin tënd, është thjesht e pamundur të bëhesh shkrimtar i suksesshëm. Mund ta sjellë kokën frymëzimi, por s'arrin të shkruash kur je i dërrmuar nga lodhja. Aftësia për të krijuar frymëzim rregullisht, vazhdimisht dhe pavarësisht gjithçkaje, është një nga ndryshimet themelore (për mendimin tim) midis një profesionisti dhe një amatori. Si ia bëj? Duhet shpikur pra një kohë, "koha e shkrimtarit". Rëndom caktoj një kohë të veçantë kur shkruaj. Mund të jetë ose koha e saktë "pas punës", "kur familja shkon në shtrat", "kur fëmijët shkojnë në shkollë" etj. Patjetër çdo ditë, por nuk është e nevojshme të shkruash shumë. Në fillim, kjo kohë mund të jetë 5-15 minuta ose çerek faqe tekst, që rritet gradualisht ditëve të tjera. Nuk vendos menjëherë plane të fryra. Nëse ka frymëzim, shkruaj më shumë, nëse jo, i vendos vetes një minimum. Më themelor është zakoni i të shkruarit çdo ditë. Kjo është metoda kryesore! Shumë shkrimtarë të njohur bëjnë pikërisht këtë dhe flasin për këtë. Për prozën e kam fjalën. Poezia thyen xhamat, të hyn nga dritarja.

Intervistuesi: Për ju, poezia dhe proza janë gjendje të ndryshme krijimi?

Agron Tufa: Poezia dhe proza nuk janë pole të përkundërta nga sa na i paraqesin përfytyrimet tradicionale. Është thjesht shpërngulja e mjeteve shprehëse nga një front i krijimit në një tjetër, nga njëri zhanër (poezia) te një tjetër, proza, zhanër më i prajshëm, më durimtar. Shumë prozatorë të famshëm, fillimet e tyre i kanë pasur si poetë. Në shkrimin e prozës, frymëzimi apo dëshira e përmalluar e shprehjes kalon nga spontaniteti intensiv i poezisë në një këmbëngulje për qëndrueshmëri dhe vijueshmëri. Në përballimin e kësaj detyre patjetër që lypet vullneti (fjalë korelate, që ju e përdorët në pyetje kundrejt frymëzimit). Pra nuk mjafton frymëzimi, por duhet dhe vullneti, dhe burrëria për të qëndruar deri në fund të shterimit të imazheve, deri tek e famshmja fjalë: FUND. Në këtë pikëpamje, poezia, për nga psikologjia e krijimit (frymëzimit) ngjet me pikturën (më saktë, me vizatimin e shpejtë, etydet), ndërsa proza, veçanërisht proza e gjatë, romani, ngjet me skulpturën, është art gdhendjeje. Pra, frymëzimi në këtë rast ka nevojë për vullnet dhe vullneti nuk është asgjë tjetër përveçse burrëri, çka nuk ka lidhje me përkatësinë gjinore të shkrimtarit.

Intervistuesi: A ndodh që t'ju braktis frymëzimi (apo përmallja, siç e thoni ju) gjatë krijimit të një vepre?

Agron Tufa: Një nisje e frymëzuar nuk është asnjëherë garanci e vazhdimit, as e mbarimit. Po, frymëzimi ose dëshira të braktis. Frymëzimi është vetëm shtysë për t'ia nisur punës, pastaj 95% e shkrimit është punë, profesionalizëm. Ka raste që, duke dashur ta ndash me dikë të ngjashëm idenë e asaj që dëshiron të shkruash, padashur e ke shkatërruar. Nisesh nga ideja që gjatë diskutimit me një tjetër, do shohësh më qartë, do pasurosh elementet e trillit apo strukturës, por, në fakt, ke ndërhyrë në një sferë tejet të brishtë, ku punojnë tashmë mekanizmat e pavetëdijes dhe intuitës. Dhe mua shpesh më ka ndodhur në këto raste që të mos mbërrij me pendë atje ku qysh me parë kam bujtur me mendje. Kjo shpjegon fillimin, mandej braktisjen e shumë romaneve, novelave apo tregimeve dhe janë bash ato krijime të ndërprera për të cilat kam folur pareshtur me miqtë e mi. Zaten kjo dihet që nga traditat e besëtytnive popullore: që një magji të zërë, duhet fshehtësia. S'ka pse të ketë ligjësi apo kushte të ndryshme "magjia" e krijimit artistik. Për ta përforcuar ilustrimin e kësaj që po them, do të na ndihmonte rasti i shkrimtarit antiutopik Evgenij Zamjatin (autor i romanit "Ne"). Gjatë vitit 1918-1919, Zamjatini drejtonte në Universitetin e Shën Petërburgut një seminar për shkrimtarët e rinj me titull "Teknikat e shkrimit të një vepre letrare". Ai pësoi një bllokim, një krizë krijimi mund ta themi. Ai kishte kuptuar se duke iu qasur sferës së pandërgjegjshme të krijimit, kishte tradhtuar duke verbalizuar shumëçka prej fshehtësive, që nuk duheshin analizuar dhe shpjeguar me gjuhë racionale. Në leksionin përmbyllës që kishte të bënte pikërisht me proceset e pavetëdijshme të krijimit, ai u tregoi shkrimtarëve të rinj një anekdotë për dyzetkëmbëshin. "E pyetën dyzetkëmbëshin: nga cila këmbë e filloni lëvizjen? I pështjelluar në gjetjen e përgjigjes, dyzetkëmbëshi jo vetëm harroi, por humbi dhe aftësinë të lëvizte".

Intervistuesi: Na përshkruani dot një ditë tipike kur shkruani?

Agron Tufa: Përpiqem të mos mendoj asgjë, përveç faktit që e di se do të filloj apo, kur e kam filluar tashmë veprën e re, e di se do të vazhdoj. Pothuaj gjithmonë, para se të zgjohen fëmijët dhe të nisin përgatitjet e tyre për në shkollë, mundësisht nga ora shtatë, pi një kafe dhe tymos një cigare, duke shkruar dy-tre paragrafë të rëndësishëm nga ajo që do të vazhdoj në kompjuter, pasi të kem përcjellë fëmijët në shkollë dhe të kem bërë një shëtitje të vogël. Kjo është diçka që më ndihmon shumë. Shkruaj rreth tre ose katër orë rresht me ndonjë ndërprerje të vogël, kur mëlçia më dhemb fort, kur qafa më është mpirë nga tendosja, etj. Gjatë një pushimi dhjetëminutësh, pi prapë kafe, cigare ose ndonjë pije alkoolike, përpiqem të mos mendoj asgjë në lidhje me tekstin. Rikthehem, lexoj edhe njëherë faqen e fundit të tekstit dhe vazhdoj krejt sikur t'i rikthehesha një bisede të ndërprerë. Rëndom nuk e di vazhdimin e rrëfimit, kam vetëm një ide të largët, të turbullt, nuk planifikoj gjakftohtë asgjë se çfarë duhet të ndodhë me personazhet, situatat, konfliktet.

Pas kthimit të fëmijëve nga shkolla nuk shkruaj më për atë ditë. Merrem me çdo gjë tjetër, por pa e çuar mendjen tek vepra që po shkruaj. Pjesën tjetër të ditës e mbush me lexime, përkthime artistike, punë e detyrime familjare. Mbrëmjeve shoh ndonjë ndeshje të rëndësishme futbolli apo film artistik, por përpiqem të mos e çoj ndërmend atë që po shkruaj. Pasi fëmijët bien në gjumë, mund të lexoj sërish deri vonë pas mesnate. E nesërmja përsëritet njëlloj: lexoj kapitullin e fundit para se të "marr komandën" e të vazhdoj të shkruaj.

Intervistuesi: Kush janë veglat e zanatit të një shkrimtari?

Agron Tufa: Nëse flasim për instrumente materiale të shkrimit, pak ose pothuaj asgjë nuk ka ndryshuar nga mjetet e shkrimit kuneiform sumero-babilonas, papiruset egjiptiane, pergamena mesjetare apo letra e epokës klasike. Janë shtuar me kohë makina e shkrimit dhe kompjuteri. Por as këto nuk janë vendimtare. Njohim poetë e shkrimtarë që kanë krijuar të izoluar e të privuar nga këto vegla në qelitë e paraburgimit apo në kamp-burgjet e kolonive ndëshkimore si Gulagët apo burgjet e Shqipërisë komuniste. Asgjë nuk e pengoi, për shembull, poetin Visar Zhiti të nxirrte nga burgjet e Spaçit dhe Qafë-Barit poezitë e vëllimeve "Kujtesa e ajrit" dhe "Hedh një kafkë në këmbët tuaja". Në këto kushte, krijimtaria sfidon të gjitha mjetet dhe shkruhet si monolog përsiatës ekzistencial. Duke u përftuar në përsëritje të pareshtur në vetëdijen e malcuar inkandeshente të shkrimtarit midis mureve shurdhe dhe presionit psikik, shkrimi kapërcen çdo kufizim mjetesh dhe e gjen udhën për të dalë jashtë në liri si në rastin e Visar Zhitit, ashtu dhe të Pjetër Arbnorit. Shembuj ka sa të duash. Ne nuk na ka takuar, për fat, të ndeshemi me natyrën e privimit elementar nga këto vegla.

Intervistuesi: *Po nëse do të kufizoheshit?*

Agron Tufa: Më ka shkuar shpesh ndërmend, sepse mund të kishte ngjarë. Nuk e di si do t'ia kisha bërë. Tani është kollaj të thuhet, pasi kemi njohur një përvojë jo të pakët fantastike e burrërore të shkrimtarëve tanë, që i mbijetuan burgjeve dhe terrorit komunist. Gjithsesi besoj se gjithkush në këto situata ekstreme do të gjente mënyrën e vet për t'iu përgjigjur urdhrit më të lartë të brendshëm të një artisti: të ekzistosh me çdo kusht!

Intervistuesi: *Në romanin tuaj të fundit tetralogjik "Ngjizja e papërlyeme" qarkullon midis personazheve-krijues një citat-epigraf, thuajse anonim, sipas të cilit kyçi i suksesit të një shkrimtari është dinakëria, vetmia dhe mërgimi. A nuk do të mjaftonte vetëm njëra nga këto të tria?*

Agron Tufa: Me sa duket, jo. Në botën e survejuar të kohës së romanit asnjë nga këto truke, marrë veçmas, nuk është as i sigurt, as i mjaftueshëm. Por nëse pleksen dhe harmonizohen me zgjuarsi dinakëria me vetminë (në qoftë se me vetmi kuptojmë se s'bën dhe fshehtësinë), atëherë ato mund të përbëjnë pahetueshëm një urë për tek finalja, që është mërgimi ose lamtumira, dalja jashtë kthetrave të regjimit, në botën e lirë. Si njëra, ashtu dhe tjetra mund të ushtrohen për njëfarë kohe, por, gjithsesi, me afat skadence: vigjilenca survejuese do t'ia qëllojë dinakërisë, sado e fshehur qoftë ajo në plane alegorike, aluduese apo metaforike, ndërsa vetmia zgjat edhe më pak: krijuesi duhet të raportojë se çfarë po shkruan. Madje, edhe nëse po shkruan për sirtar, patjetër këtë duhet ta marrin vesh miqtë e tij të ngushtë apo të dashurat, se jo më kot Sigurimi ua ka futur nën dorë. Thënia në kontekstin e romanit ka natyrë ambivalente dhe është e lidhur me natyrën e diskurseve që zhvillojnë palët: njëra që kërkon zgjidhje për t'i shpëtuar survejimit dhe përndjekjes (Martin Gega, Samuil Ismari dhe Dario S) dhe pala tjetër, që e sheh si përligjje të mjeteve të fshehta denoncuese te partia dhe sigurimi përmes shfrytëzimit konfidencial të miqësisë dhe dashurisë së shtratit (Damjan Shpërdheja, Dafina dhe Lara). Këta të fundit me nocionin "mërgim" nënkuptojnë kalimin në sfera të pambërritshme nga viktimat e tyre, njëjtësimin me pushtetin dhe të qenit të padukshëm nën ombrellën e tij. Ky është dhe "mërgimi" më i mirë, që thellon humnerën me viktimat e tyre.

Intervistuesi: *Çfarë roli ka vetmia në procesin e krijimit?*

Agron Tufa: Vetë procesi i shkrimit është një akt vetmie. Kur shkruaj, veçanërisht nëse gjithçka del mirë, jetoj në dy dimensione të ndryshme: në jetën time reale, nga e cila marr kënaqësi të madhe, dhe në një botë krejtësisht tjetër, ku unë ekzistoj vetëm dhe për të cilën askush tjetër nuk di.

Vetmia na jep mundësinë të kridhemi në thellësitë njerëzore të përjetimeve tona, të përqendrohemi. Gjatë krijimit gjendesh në vendin më të vetmuar të botës, që është një fletë e bardhë letre bosh para teje. Besohet gjerësisht legjenda se, për të shkruar, autorit i duhet vetmia. Me sa duket, pa këtë, shkrimtari nuk mund të krijojë asgjë dhe ai thjesht duhet ta përjetojë këtë ndjenjë. Nevoja për të qenë vetëm, mua më lind vetëm kur duhet të përqendrohem plotësisht në tekst. Por për raste të tilla mjafton një vetmi e shkurtër, ndërsa vitet e vetmisë, sipas meje, janë të kota, madje të dëmshme. Vetmia për mua është veçimi, vetmimi, qetësia, si kusht për të mos më shpërqendruar. Por kushtet e vetmisë janë gati të pamundura në botën tonë bashkëkohore.

Intervistuesi: Cilët janë për ju agjentët e jashtëm, që e dhunojnë dhe e bëjnë të pamundur një gjendje normale për të shkruar?

Agron Tufa: Ka shumë stimuj të ndryshëm rreth nesh, shpesh të bezdisshëm – sidomos në metropolet e mëdha e të zhurmshme si Tirana. E kam urryer gjithmonë zhurmën, çjerrjen, piskamën. Më tërbon. Zhurma është antimendim. Dhe megjithëse gradualisht mësohemi të mos i vëmë re zhurmërimat uturuese urbane, shpesh shkaku i stresit qëndron pikërisht në këtë rrjedhë të energjisë negative. Prandaj, mënyra më e mirë për të hequr qafe gjendjet e pakëndshme është të mbroheni nga stimujt e jashtëm.

Domethënë të jesh vetëm me veten në një mjedis ku askush dhe asgjë nuk të irriton.

Sidoqoftë, kuptohet, lexuesve nuk u intereson cili ka qenë niveli i vetmisë dhe se cila është rutina jote e përditshme, por nëse libri yt i fundit pëlqehet më pak apo më shumë se i mëparshmi.

Intervistuesi: Më mirë një shkrimtar i vuajtur apo një shkrimtar i talentuar?

Agron Tufa: Kjo është saktë si alternativa që shtronte dikur Migjeni në prozën e vet: "Sokrat i vuejtun, apo derr i knaqun?". Një shkrimtar i patalentuar është një "derr i knaqun", qoftë dhe me vuajtjen e vet. Vuajtja nuk merr kurrfarë merite në letërsi nëse teksti është shkruar si proces-verbalet e inventarëve.

Intervistuesi: Ka një lloj përcaktimi, sado evaziv në pamje të parë, që bën fjalë për dy kohë të shkrimtarit: koha e shkrimit dhe koha e jetës letrare. Me këtë të dytën kuptohen: jeta e librit, ceremonitë, çmimet, (na lejoni t'i kujtojmë lexuesit se ju jeni fitues çmimesh të njohura në Shqipëri, si: "Pena e argjendtë", Çmimi i Madh Letrar Kombëtar etj.) mediat etj. Si do i karakterizonit këto dy etapa në krijimtarinë tuaj?

Agron Tufa: Koha e shkrimit, për sa kemi shtjelluar më parë, është koha e vetmisë së krijimit. E dyta, koha e jetës letrare të librit ka të bëjë me jehonën dhe nuk varet nga autori. Kemi të bëjmë me përmasën sociologjike të librit, me mekanizmat diferencues të vlerësimit. Kush i bën këto vlerësime? Këtu përballemi pashmangshëm me shkallën e aftësisë që ka një elitë kulturore-letrare në përzgjedhjen që bën në bazë të shijeve të saj. Por dhe kjo është e pamjaftueshme, sepse shpesh në rolin e këtyre elitave që përfaqësojnë shijen publike dhe tagrin për të shenjuar institucionalisht vlerën artistike të një libri, katapultohen persona të korruptuar klanorë, hipokritë, dembelë, shumtë të dyshimtë në shijet dhe vlerësimet e tyre dhe haptazi të ndikuar nga pushtetet. E kam shpallur publikisht më parë dhe e përsëris prapë: nuk qëndron e keqja tek institucionet e çmimeve të ndryshme shtetërore apo alternative, por tek rekrutimi formal i jurive që janë bërë të pabesueshme, duke i katandisur çmimet në dhurata për Krishtlindje, jo në bazë të vlerës së librit, por për vlerën simbolike që autori i laureuar përfaqëson në sytë e pushteteve që i kanë ngritur dhe i kontrollojnë këto çmime. Ka kohë që kjo gjendje ka degjeneruar krejtësisht, është bërë politike. Me çmimet letrare bëhet politikë dhe politikë e ndyrë. Po, është e vërtetë që unë kam fituar disa çmime letrare (gjithsej tre) dhe kjo është ndoshta brengosja më e madhe që kam. Nëse do të kishte një mundësi për t'i zhbërë ligjërisht, për t'i kthyer mbrapsht, do ta kisha bërë me kënaqësi, publikisht, si për t'u pastruar nga diçka johigjienike. Dhe jo se kam ndonjë kundërshtim për ekzistencën e çmimeve. Çmimet letrare do të duheshin që të shënjonin vlerat e mirëfillta letrare dhe, kësisoj, të orientonin tregun e brendshëm të lexuesit kah arritjeve më të mira artistike në gjuhën shqipe, sikundërse dhe përkthyesit e huaj që t'u qaseshin këtyre vlerave. Por nuk është ashtu. Në realitet, këto çmime gjithë e më shpesh shënjojnë vullnetin perfid të pushteteve, që i kanë pjellë dhe i kontrollojnë këto çmime përmes jurish fasada. Në plan të parë nuk është arritja artistike që zgjidhet të shënjohet me çmim, por autori, personaliteti simbolik i autorit, që nuk ua vret veshin këtyre pushteteve. Kështu që i vetmi ngushëllim për kohën e dytë të librave të mi, për jetën e librit, nuk janë çmimet (Zot ruana!), por lexuesit e mi, shkrimet dhe recensionet e atyre që i kanë lexuar, pëlqyer apo mospëlqyer ato.

Intervistuesi: Sa lloje çmimesh letrare kemi sot në Shqipëri?

Agron Tufa: Çmimet Letrare Kombëtare, që tradicionalisht jep çdo fundviti Ministria e Kulturës, çmimi i Panairit Kombëtar, që e jep Shoqata e Botuesve, çmimi "Kadare", çmimi "Kult" dhe mandej dy çmime ndërkombëtare: "Ballkanika" dhe "Europa", këto dy të fundit sërish jepen nga Shoqata e Botuesve. Këto pushtete ngrenë fasadat e jurive të tyre pasi kanë përzgjedhur më parë personalitetin e përshtatshëm për ta për t'i dhënë çmimin dhe krejt procesi gjoja i seleksionimit bëhet për të nxjerrë dy pretendentët kryesorë, kur dihet se si janë parashikuar votimet e jurisë. Sidomos për çmimin "Europa", kjo erë është bërë me kohë kutërbuese, pasi dhe instalimi, dhe fabrikimi i shkrimtarëve shkon në përputhje të plotë me klanet kulturore. Kësodore janë krijuar instanca ideologjiko-kulturore, që nuk i kanë lënë asgjë mangët Lidhjes së Shkrimtarëve dhe Artistëve të RPSSH-së. Ashtu si dje Lidhja, janë këto sektet e sotme, që vendosin se "kush do të jetë kush". Prandaj këshilla ime mbetet shpërfillja dhe ironizimi i kësaj kulture çmimesh ideologjiko-klanore.

Intervistuesi: Këto vitet e fundit, larg Shqipërisë, e ndjeni veten "jashtë jetës letrare"?

Agron Tufa: Me "jetë letrare" në Shqipëri unë konsideroj thjesht disa kolegë, veprat e të cilëve i lexoj rregullisht, ndonjë organ a periodik letrar, rrallë ndonjë recension të paanshëm libri dhe, në përgjithësi, botimet e librave. Asgjë më shumë. Këto nuk më mungojnë. Nuk ka jetë letrare, por ka klane, siç thashë më sipër, dhe një përdorim njëlloj si dikur i "talenteve të reja" për butaforinë justifikuese të fondeve. Përndryshe e ndjej veten të pranishëm në jetën e vërtetë letrare, aty ku ajo është. Të jesh i pranishëm në jetën letrare, do të thotë të jesh i pranishëm tek lexuesi yt me botimet e tua.

Intervistuesi: Keni shkruar poezi, miniatura në prozë, përkthime, teste universitare dhe romane. Keni menduar ndonjëherë të fokusoheni në një zhanër, si, për shembull, romani?

Agron Tufa: Me sa duket, kështu do të shkojë edhe më tej: jam një poet që me kohë i jam kushtuar prozës së gjatë, pa hequr dorë nga poezia.

Intervistuesi: Në kapakun e brendshëm të romanit "Fabula rasa" ka një shënim nga Ismail Kadare: "Proza e Agron Tufës është më e bukura që më ka qëlluar të lexoj në këto dhjetë vjetët e postkomunizmit". Nëse do duhej ta përcaktonit vetë vlerësimin për veprën tuaj, si do ta formulonit?

Agron Tufa: Shënimi i Kadaresë është marrë nga një intervistë e tij në gazetën "Albania" e vitit 2000 dhe i referohet romanit tim të parë "Dueli" (Aleph, 1998). Në fakt nuk kam dashur asnjëherë të vendos vlerësime në kopertinat e librave të mi, por ka qenë këmbëngulje e botuesve që libri i botuar të ketë një shenjë nxitëse për marketing.

Për vlerësimin e veprës sime, çfarëdo që të thosha, do ta humbiste vlerën në vend. Ka raste kur ndjenja e masës bëhet ku e ku më e rëndësishme se talenti. E shumta që mund të them, është se po të kisha mundësi t'i rishkruaja ato libra, fare pak gjëra, madje gjëra të papërfillshme do të ndryshoja.

Intervistuesi: Cili është libri juaj që doni më shumë?

Agron Tufa: Vëllimi im i parë poetik "Aty te portat Skée" (1996) dhe romani i fundit "Ngjizja e papërlyeme" (2021), por gjithnjë ruaj një rezervë të fshehtë, në pritje të romanit të ri që pret botimin.

Intervistuesi: Visar Zhiti thotë se "Hakmarrja jonë janë

librat". E shihni veprën tuaj si të tillë? Cilin nga librat do ta përkufizonit me këtë thënie?

Agron Tufa: Thënie e përkryer, e mençur. Është arma e vetme fisnike që kanë në duar shkrimtarët, por jo çdokush që pëlqen ta quajë veten shkrimtar. Shkrimtarët që krijojnë botërat e tyre, gjuhën e tyre, idetë e tyre origjinale, jo ata që mbushin kaushë letre me rrëfime bajate për ekzibicionin e tyre publik. Efekti i "hakmarrjes" shkrimtarit të vërtetë i zgjat me shekuj e nganjëherë përjetësisht për vetë natyrën e përballjes: e përjetshmja (shkrimtari) ngadhënjen mbi të përkohshmen, kalimtaren, të fundmen (tiranitë, diktaturat, klikat, nomenklaturat etj.). E dimë që janë shkruar kryevepra botërore në kontekste polemizues e shpaguese. Mjafton të cilësoj njërën prej këtyre kryeveprave: "Komedia Hyjnore" e Dantes. Megjithatë, para se ta kem "hakmarrjen time", librin unë e shkruaj i nxitur nga një thirrje e brendshme, që t'i shpjegoj vetes njëfarë brenge a nostalgjie, e cila do të kullohet e kjarohet përgjatë shkrimit. Mendoj se dhe përmasa "hakmarrëse" përudhet gjatë shkrimit. E rëndësishme është që vepra që shkruan t'i bindet një ligji absolut - ligjit artistik. Pa plotësuar këtë kusht, mund të përfundosh te "hakmarrja" pa letërsi, që është një gjë therëse për veshin. Rëndom për "hakmarrje", unë kam një zhanër tjetër të shkrimit: publicistikën. E kam provuar gjatë, troç e paceremonishëm këtë armë, pa iu tutë kujt. Por atë që bëj në polemikën publicistike, nuk mund ta bëj në roman. Janë zhanre të ndryshme, ligjësi të tjera, ndjeshmëri të largëta.

Megjithatë, për "hakmarrjen time" do të parapëlqeja tërë gumëzhimën e pamort të përtejvarrit, që mbush tregimet e librit "Kur këndonin gjelat e tretë" (Onufri, 2019).

Intervistuesi: Nëse do kishit mundësi të zgjidhnit mes shkrimtarit dhe një jete më të rehatshme...?

Agron Tufa: Avokat ideal. Kjo botë ka qenë dhe mbetet jetime për drejtësi. Të mbrosh të pambrojturin nga dhuna, brutaliteti, nëpërkëmbja. Me frymën e Don Kishotit, por jo me mjetet e tij.

Intervistuesi: Çfarë është një gjë që nuk pëlqeni te vetja?

Agron Tufa: Nga shumë mospëlqime të tilla, po veçoj një: pafuqia ose paaftësia për të bindur të tjerët përreth meje t'i kundërvihen asaj që parashikoj se po vjen. Dhe rëndom "ajo" vjen e na ndëshkon. Histori e përsëritur, si kompleksi profetik i Kasandrës. Parashikoj, paralajmëroj, por nuk arrij të bind, nuk arrij t'i imponoj të tjerët të marrin masa. Vërtet e tmerrshme.

Intervistuesi: Çfarë po shkruani aktualisht?

Agron Tufa: Një prozë të gjatë, së cilës i jam rikthyer pas një ndërprerje prej dy-tre muajsh. Diçka mes novelës dhe romanit.

Intervistuesi: Çfarë po lexoni tani?

Agron Tufa: Kam nisur rileximin e romanit "Udhëtim në skaj të natës", të Ferdinand Selinit, tashmë në shqip, të përkthyer nga Hysen Sinani.

Intervistuesi: Cili është autori që ka ndikuar më shumë në letërsinë tuaj?

Agron Tufa: I jam përgjigjur disa herë kësaj pyetjeje në mënyra të ndryshme dhe këtu ka diçka që ia vlen ta shqyrtosh. Konsiderohet si pyetje e thjeshtë, në fakt nuk është ashtu. Mendoj se nuk ka një autor të vetëm që të ketë ndikuar. Te asnjë shkrimtar nuk mund të ketë një autor, një libër vendimtar, ngjashëm me frazën e parë që hap romanin "Jeta e re" të Orhan Pamuk: "Se si njëherë më qëlloi të lexoja një libër dhe fill më pas ndjeva se krejt jeta ime ndryshoi". Për mua nuk është një autor, por disa prej tyre. Ata kanë ndikuar në çdo stad të rritjes, pjekjes e burrnimit tonë, që të jemi sot këta shkrimtarë që jemi. Kështu, për shembull, deri në moshën 10-11-vjeçare, imagjinatën ma pushtonin këngët e gjata epike, baladat e lashta, që zgjasnin mbi gjysmë ore të kënduara mbi tel të çiftelisë nga mixha im, Besimi, apo burra të tjerë gjatë netëve të dimrit. Ata autorë anonimë tekstesh ("Kënga e Ymer Agës", "Ka rritë nana dy jetima" etj), ishin parateksti që paraprinte Odisenë e Homerit, Jokatën e Edipit, Klitemnestrën apo Orestin e tragjikëve grekë, para se t'i lexonim tragjikët e antikitetit. Dhe si të tillë nuk mund të shpërfillen nga roli i ndikimit mbi psikikën e personalitetit të fëmijës. Më vonë, në kohën e leximeve, ka pasur të tjerë autorë që na kanë bërë të qajmë, të tronditemi apo të qeshim, si për shembull klasikët: Gogoli, Hygoi, Balzaku apo Dikensi. Për mua, libër vendimtar mbeti "Don Kishoti i Mançës", të cilin e kam blerë gjatë një feste të shpifur lokale në Peshkopinë e vitit 1980 (ruaj madje një fotografi ku kam dalë me atë libër). Servantesi ishte mahnia e parë. Në moshë më të vonë, përgjatë gjithë rinisë, ndoshta ndikim të fortë në formimin tim kanë pasur poetët, njohja e poezisë së huaj, poetët modernistë si Rilke, Mandeshtam, Eliot dhe Brodskij. Sidoqoftë, trondltjen e vërtetë për ta parë letërsinë ndryshe ma kanë dhënë dy romancierë: F.M Dostojevski dhe Franz Kafka. Gjithçka tjetër pas njohjes së tyre është padyshim e mrekullueshme, por është në një mënyrë a në një tjetër invariante midis këtyre dy emravë.

Intervistuesi: *Ju jeni i njohur edhe si polemist. Duket sikur letërsia shqipe është pjesëtuar mes Tiranës, Prishtinës, Shkupit, Zvicrës, Kanadasë, Australisë, SHBA-së etj. Duhet të mendojmë tani për një letërsi shqipe apo letërsi pan-shqiptare me ngjyrime të ndryshme gjuhësore?*

Agron Tufa: Çdo letërsi, e çdo gjuhe qoftë, ka nevojë të përftojë një kontekst të përbashkët përballë lexuesit të saj. Letërsia bashkëkohore shqipe duhet t'i shërbehet lexuesit, pastaj ai vendos vetë. E keqja është se në vend që t'i shërbehet dhe ta lërë vetë lexuesin të vendosë, ndërmjetësit e këtij shërbimi në vend që të furnizojnë tregun me librin shqip, e furnizojnë atë me paragjykime të natyrave të ndryshme përjashtuese, diskriminuese madje. Elitat akademike e kulturore në vend që ta zbusin këtë malcim, i fryjnë, sepse e kanë më të lehtë të kapardisen secili me këngën e tij majë grumbullit të plehut, duke shtjelluar snobizma apo dhe utopi derdimene për themelimin e një "kombi të ri", të ndryshëm nga ai i Shqipërisë. Nga ana tjetër, diskriminimi i elitave të Tiranës është inkubim i gjatë i patologjisë komuniste antigege. Politika më e neveritshme sot bëhet në kulturë dhe rrjedhimisht në gjuhë, e cila është dhe nishani apo kopsa vendimtare e identitetit shqiptar.

Intervistuesi: Cili sipas jush do të ishte "konteksti i përbashkët" i letërsisë shqipe?

Agron Tufa: Për letërsinë ka vetëm një atdhe dhe atdheu i çdo letërsie është Gjuha në të cilën është shkruar. Ky është e do të duhej të ishte konteksti. Nëse vepra jote është shkruar në gjuhën shqipe, pak rëndësi ka se nga është autori – nga Tirana, Prishtina, Tetova, Kalabria apo diaspora. Dhe asfare rëndësi nuk ka nëse vepra është shkruar me gjuhën letrare të normës kostallariane apo me variantet e gegnishtes, apo arbërishtes. Gjuha e një shkrimtari kurrë, po kurrë dhe asnjëherë, nuk mund të quhet "gjuhë joletrare"; ndonëse ka plot pasardhës të trashëgimisë komuniste mbi gjuhën që ndajnë opinion të kundërt. Në fakt nuk ka asnjë shkrimtar që në veprën e vet letrare përdor ortodoksalisht Standardin e vitit 1972. Tjetër është një Standard i normuar, tjetër krejt është gjuha e një shkrimtari.

Tekefundit, shkrimtari i bën vetë llogaritë para lexuesit të tij se si t'i drejtohet, me cilin regjistër gjuhësor t'i flasë, me cilën idiomë apo cilën gojëfolje. Kush nuk lexon dot tekstet letrare shqipe me variantet e saj, ngushëllime, le të lexojë në ndonjë gjuhë tjetër!

Intervistuesi: Përshtypja ime është se asnjëherë më parë nuk kemi pasur letërsi më të mirë...

Agron Tufa: Ndaj të njëjtin mendim dhe mendoj se tridhjetë vjetët e kaluar pas rënies së sistemit totalitar i kanë dhënë frymëmarrjen e kthimit në jetë letërsisë shqipe, bash kur ajo kishte hyrë në fazën vdekjeprurëse të asfiksisë. Këto tridhjetë vjetët e fundit kanë mundësuar që gjeneratat e viteve shtatëdhjetë-tetëdhjetë të formësojnë opusin e plotë të veprës së tyre, të eksperimentojnë e të ripërmasojnë krijimtarinë. Një udhë të re, të padeformuar nga censura shtetërore dhe autocensura, pati brezi që hyri në letërsi nga viti 1990 dhe ka pasur besoj kohën e mjaftueshme për të skicuar qartë individualitetet letrare në poezi e prozë. Sigurisht, nga çdo kriter e pikëpamje (rreptësisht letrare) nuk mund të krahasohet letërsia e shkruar pas rënies së komunizmit me atë shterpësi që u shkruajt në diktaturë. Personalisht më trishton e ndjej

88

keqardhje për mundësitë e pakta që patën poetët e shkrimtarët shqiptarë, që fati u qëlloi të krijonin gjatë diktaturës. Shkrimtari në diktaturë nuk është e njëjta gjë me shkrimtarin në liri.

Letërsia shqipe bashkëkohore është e begatë në të gjitha qendrat ku ajo shkruhet me poetë, tregimtarë e romancierë të veçantë, me maniera, stile e botë artistike origjinale.

Megjithatë deri vonë kam dëgjuar nëpër studio drejtues emisionesh televizive - nostalgjikë dembelë, të cilëve u ka mbetur ora e leximeve në mes të viteve tetëdhjetë. Njeri sosh m'u drejtua njëherë gjithë koncentrim meditativ me një pyetje gjoja të thellë: "E megjithatë, megjithatë, zoti Tufa, - pse nuk ka sot Maja, ë? Maja si ato të viteve gjashtëdhjetë? E keni parasysh – Agolli, Arapi, Kadare – pse nuk ka më maja të tilla?" Unë që ndaja (dhe ndaj) një mendim krejt të kundër iu përgjigja: "Çështja, zotëri, nuk qëndron tek Majat, se të tilla ka shumë sot, çështja qëndron tek Alpinistët, që janë bërë përtacë dhe nuk ua kanë takatin majave". Mendoj se kjo është në fakt analogjia e duhur për peizazhin letrar bashkëkohor në raport me tri dekada më parë.

Intervistuesi: Një autor shkruan me shpresë se mos ndoshta ushqen sistemin letrar, e përmirëson atë ose, në rastin më të mirë, e ripërtërin atë...

Agron Tufa: Çdo shkrimtar, vetëdijshëm apo pavetëdijshëm, nuk mund të abstragojë nga sistemi letrar i gjuhës në të cilën shkruan. Dhe me "sistem letrar" - duhet sqaruar - kemi parasysh repertorin e veprave letrare të botuara në boshtin diakronik dhe sinkronik. Me diakroni të sistemit kemi parasysh autoritetin dominues të traditës. Sinkronia e një sistemi letrar është repertori i veprave të bashkëkohësisë. Në Historinë e Letërsisë termi qendror është "tradita". Nëse biem dakord që evolucioni letrar është një ndryshim në korrelacionin e gjymtyrëve të një sistemi, d.m.th., një ndryshim në funksionet dhe elementet formale, atëherë evolucioni shënon dhe një "këmbim" të sistemeve. Çdo shkrimtar rishtar dhe çdo prirje letrare, në një periudhë të caktuar, i kërkon pikat e veta mbështetëse tek sistemet e mëparshme, thënë më troç tek "tradita".

Intervistuesi: Në fakt, në këtë kuptim e kisha fjalën për sistemin letrar, por ç'gjë të re i shton sistemit një individualitet në kërkim të risisë? Ju, për shembull?

Agron Tufa: Arti i ri, sipas meje, ka të bëjë me riorganizimin e një sistemi estetik të vjetëruar ose me ngritjen e një ngrehine të re prej elementësh të vjetër. Unë jam pozicionuar që herët pikërisht në këto pozita: nga njëra anë arkaik, nga ana tjetër novator. Arkaik, sepse nuk kam sjellë (së paku deri tani) ndonjë përmbysje në kufijtë zhanrorë: poezia, romani, tregimi – janë po ato që kanë qenë tradicionalisht. Novator mendoj se janë elementët që shoqërojnë gjuhën me regjistrat stilistikë, ndjeshmërinë dhe idetë, në mënyrë të tillë që një lexues i mirë të mund t'ia qëllojë autorësisë së teksteve të mia edhe nëse nuk e ka emrin e autorit në kopertinë (meqë ra fjala, këtë eksperiment e kanë bërë të tjerë në mjediset e studentëve të letërsisë). Nuk mendoj se guxima im apo ambicia ime ka si synim "ripërtëritjen e sistemit letrar", por, nëse do t'i duhet ndonjëherë një vepre të përballet me kësi sfide, atëherë them se gjatë shkrimit guxohet, nuk ekzistojnë tabu. Gjithsesi, çështja e evolucionit apo rinovimit të sistemit ka të bëjë, ashtu siç e kanë parashikuar teoricienët formalistë rusë (J. Tinianov), me skemën e ndryshimit të stileve letrare; konfigurimit të ri të zhanreve; ndryshimit të raportit të gjinive letrare (poezi - prozë); ndryshimit të gjendjes ose pozicionit të letërsisë në realitetin shoqëror. Sigurisht që sistemi letrar shqiptar ka një pështjellim estetik brenda repertorit të tij historik (me gjithë ato tonelata mishi të huaj, që quhet letërsi e dogmës socrealiste), por mendoj se proceset letrare inovatore kanë ardhur gradualisht me evolucionin e sistemeve letrare personale të një grupi poetësh e romancierësh, kryesisht të pasnëntëdhjetës dhe se çështja e ripërtëritjes së sistemit letrar më shumë është kontribut i përbashkët i disa individualiteteve letrare, pavarësisht moshave, sesa i një personaliteti të vetëm letrar, pa përjashtuar rolin e paparashikueshëm të gjeniut në sistem.

JORGOS ALISANOGLU

Më parë qe plagë

që lindi gjak, lindi rrjedhë, lindi vështrim
lindi zë, lindi marri, lindi tokë
lindi rrenë, lindi largim, lindi rrymë
lindi epokë

ëndërr e dikujt tjetër, që ngjante mrekullisht me
    plagën tënde
larg; kaq pranë, botë e hapur dhe e errët
që mbërriti herët; që kaq shumë qe vonuar

Odise / Circe

Nëna ime është emigrante
ruan në mendje sajimin
e një poezie
që mbërrin përherë shumë vonë
unë thotë jam pjesa e mbetur e sajimit
që ende s'u sendërtua
por nëse ndonjëherë do t'ia beh si krijim
nëna thotë që do të jem poezi
krisje në dëshpërimin e saj
por ndoshta atëherë s'do të kem asnjë
vlefshmëri tjetër
pasi zakonisht poezitë në asgjë
s'vlejnë veçse
shërbejnë si ledhe të përkohshme
në një - tash të tejkaluar -
përplasje çastësore me vetveten
nëna thotë që
do detyrohem të vras nënën

përderisa duke fshirë poetin
del në pah poezia
thotë gjithashtu
se poezia e vërtetë s'pati ekzistuar kurrë
thjesht, duke shkruar këto fjalë
mësoj si të ravijëzoj
kundërshtarin sfidues
të përplasjeve të mia sfilitëse
nëna thotë, ky
është ushtrim i mirë
që të ndajmë rolet
ajo mos të
më thërrasë më Circe
dhe unë mos ta thërras më Odise

Mina

Ëndërr gruaja me arterie të prera
Danubi që do të sillte pas babanë
shembja e Murit në trëndafilat e tu
të nusërisë
Ëndërr shpirti që u gufua si tullumbace
gjersa fshehu diellin

Ëndërr që do të vija në jetë nga gjaku
    i duarve të tua
burri që humbi në themelet e ujëta të dy qytetërimeve
fantazma me fustan nusërie që u var në Mur
Ëndërr drita që u lartësua mbi caqet
    e arritshme
dhe qëndroi atje e largët nga epokat
              të ndriçojë fundin e historisë

Ëndërr ish fryma jote mbi minat e vogla
    pranverore

E vërteta e saj në çdo sekondë

Nëna ime një grua e çfarëdoshme
që u arratis nga mbretëria e Trojës
një grua e çfarëdoshme që u arratis
nga mbretëria e Danimarkës
nëna ime u arratis nga mbretëria e Francës

u plagos në luftën civile të Austrisë
u burgos në luftën civile të Spanjës
u vra në luftën civile të Ukrainës
nëna ime

ishte Eleni, Ofelia, Maria Antoneta,
Terezia, Aragonia, Oksana, Circja, Penelopa,
Penthesilia, Lefkothea
nëna ime

ndjek rrethet e gjakut të paraardhësve
kërkon pjesën e saj në botë
përshkon e vdekur kthinat e Birkenaut

asnjë rol s'iu dha sot në mbrëmje
një grua e çfarëdoshme nëna ime
emri i saj është Viktoria

Kënd lojërash

Shiu solli hi
mbërriti si vel
e shkuar e hirtë
varret ndër vite të hapura
të shqyera

shpirt i vogël i këndellur endacak
i huaj dhe bashkudhëtar i trupit tim

të vdekur, duke mbajtur frymën
me përdëllim për gjithsecilin
ndajnë mallra mes tyre
në kufirin e mbramë të kohës
shkëmbejnë të reja, nëpër mbledhje gazeta

shpirtrat e tyre shpupuritur në ajër
flamuj të ngulitur në kockat ngurruese
valëviten tek përplasen dyert e këndit të lojërave

në heshtjen e varreve natën
kockat kthehen pas në mish
projektorët ndriçojnë trupat e qepur
korbat ngjiten mbi
mermerët vezullues

të vdekurit i duan poezitë
vishen ushtarë, kërkojnë gjuhë
hapin ekranet e qiellit
ngjishen rreth kristalit të borës

mundimshëm kryhet qarkullimi
brenda kaq luftërave

Shqipëroi Eleana Zhako

94

JENNIFER NANSUGBA MAKUMBI

Ta tregojmë këtë histori si duhet

Nëse hyn tani në shtëpinë e Nnamit, të mbyt era e bojës, por ama asaj i pëlqen, siç e kënaqte të ëmën era e halesë së jashtme, me gropë, kur ishte shtatzënë. Nëna ulej disi larg e bënte punët apo hante dhe i neveriti të gjithë derisa lindi foshnja. Nnami nuk është shtatzënë, por kënaqet me erën e bojës, sepse që kur i shoqi, Kayita, vdiq një vit më parë e la aromën e tij mbi sende, kurse zëri duket sikur u zhyt në muret e dhomës së gjumit dhe sa herë që Nnam shtrihet të flejë, muret e luajnë zërin e tij si të jetë i incizuar. Javën e shkuar boja u tha dhe aroma e Kayitas sikur iku nga muret e dhomës së gjumit, që nuk folën më. Sot, Nnam vendosi ta fshijë imazhin e të shoqit nga gjithçka.

Para një jave, Nnam mori një muaj pushim nga puna dhe i dërgoi djemtë, Lumumba dhe Sankara, te prindërit e saj në Uganda, për ritet e fundit të funeralit të Kayitas. Është vetëm, ndaj po rri lakuriq. Të vërtitesh lakuriq, vetëm me heshtjen në shtëpi, është terapi. E kupton më në fund pse kur njerëzit i lë mendja, të parën gjë që bëjnë: zhvishen lakuriq. Rrobat janë mbytëse, por nuk e kupton dot po nuk u vërdallose lakuriq nëpër shtëpi gjithë ditën dhe çdo ditë për një javë.

*

Kayita vdiq në banjë me pantallonat ulur. Ai ishte dyzet e pesë vjeç dhe siç duket qe përpjekur t'i ngrinte përpara se të rrëzohej. Turpi më shumë se ishte edhe Pashkë. Kush vdes lakuriq në Pashkë?

Atë mëngjes, ai u zgjua e vari këmbët nga shtrati; u çua në këmbë, por u ul prapë sikur ta kish tërhequr diçka. Pastaj vuri dorën në gjoks dhe dëgjoi. Nnam, shtrirë pranë murit, mbështeti kokën në duar dhe i tha:

"Ç'ke?".

"Më duket sikur nuk jam zgjuar ende", ia ktheu i shoqi.

"Shtrihu prapë, atëherë!".

Por Kayita u ngrit në këmbë, u mbështoll me peshqir rreth belit dhe eci. Te dera u kthye nga Nnam dhe i tha:

"Fli edhe ca ti: unë po u jap fëmijëve mëngjesin".

*

Lumumba e zgjon me ankesa. Djali ka nevojë për banjën, por 'babai nuk do të dalë'. Nnami ngrihet nga shtrati duke sharë ndërtuesit që kanë bërë banjën dhe tualetin në të njëjtën dhomë e jo veç e veç. Trokiti dhe shtyu derën e banjës duke thënë: "Jam unë".

Kayita është shtrirë në dysheme me kokën pranë ngrohësit, barkun në rrugicën e banjës, njëri cep i peshqirit në WC dhe tjetri në dysheme; lakuriq, me përjashtim të pantallonave rreth kyçeve të këmbëve. Nnami nuk bërtet. Ndoshta ka frikë se Lumumba do të hyjë dhe do ta shohë të atin të zhveshur. Kayitës, me sytë mbyllur, duket sikur i ka rënë të fikët. Nnami mbyll derën dhe, duke e thirrur në emër, i tërheq pantallonat; nxjerr peshqirin nga tualeti dhe e hedh në vaskë. Pastaj bërtet:

"Më sill pak telefonin, Lum."

E mban derën thuajse mbyllur kur Lumumba ia zgjat nga jashtë.

"Më merr edhe fustanin e babait", thotë duke telefonuar.

Djali ia sjell shpejt dhe ajo mbyll derën; e mbulon Kayitën me fustanin e tij gri.

Në telefon, infermierja i thotë se çfarë të bëjë ndërsa pret të vijë ambulanca.

"Shtrijeni mirë... mbajeni ngrohtë... folini... sigurohuni që ju dëgjon...".

Kur mbërrijnë mjekët, Nnam shpjegon se e vetmja gjë që kishte vënë re ishte se Kayitës i ishin marrë mentë kur qe ngritur atë mëngjes. Lotët i mblidhen kur u shpjegon djemve: "Babi nuk është mirë, por do shërohet".

Vishet e i telefonon një shoku të vijë të marrë djemtë. Kur mjekët dalin nga banja, i kanë vënë Kayitat një maskë oksigjeni

96

dhe kjo e qetëson disi. Për shkak se shoku nuk ka ardhur akoma të marrë djemtë, Nnami nuk shkon me ambulancën. Mjekët do t'i telefonojnë ta njoftojnë se në cilin spital është shtruar i shoqi.

*

Kur mbërriti te urgjenca, një recepsioniste i tha të ulej dhe të priste. Pastaj erdhi një infermiere e re dhe e pyeti:

"Ke ardhur me dikë?".

Nnami tundi kokën në mohim, infermierja u largu dhe pas pak çastesh u kthye dhe pyeti:

"Me makinë keni ardhur?".

Pohoi me kokë dhe infermierja u largua përsëri.

"Zonja Kayita?".

Nnami ngriti sytë.

"Ejani me mua". E thirri një infermiere afrikane. "Doktori që po kuron burrin tuaj do t'ju flasë".

E çoi në një dhomë konsultimi dhe i tha të ulej. "Doktori do vijë shpejt", tha dhe mbylli derën pas saj.

Pas pak, një mjek i ri, veshur me rrobat tipike blu, hyri dhe u prezantua:

"Zonja Kayita, më vjen keq që nuk mundëm ta shpëtojmë burrin tuaj. Kur arriti në spital kish ndërruar jetë", foli me një zë të kadifenjtë. "Nuk mund të bënim asgjë. Më vjen shumë keq për humbjen tuaj", përfundoi dhe kryqëzoi duart mbi gjoks. Pastaj pickoi me njërën dorë buzën, si nga sikleti, dhe tha: "Çfarë mund të bëj për ju tani?".

Në Britani, pikëllimi është privat; besoj e dini se si gratë vilanosen e ulërijnë në shtëpitë tona, në Afrikë. Këtu s'ka të tilla gjëra! Nuk duhet t'ia jepni pikëllimin të tjerëve. Kur Nnami nuk e mbajti dot më veten, u mbyll në banjë dhe u mbështet mbi lavaman. Lau fytyrën dhe në të dalë u kujtua se nuk e kishte çantën. U kthye në dhomën e konsultimit dhe pa që po e mbante infermierja afrikane.

Emrin e kishte Lesego. "A mund të bëj diçka?", e pyeti edhe ajo. Nnami tundi kokën. "T'i telefonoj dikujt? Nuk mund t'i jepni makinës në këtë gjendje!". Para se Nnami të refuzonte,

Lesego e urdhëroi:

"Ma jep telefonin!".

Ia dha.

Lexoi emrat e kontakteve si në listë. Kur Nnami pohoi me kokë për emër, Lesego i ra dhe foli:

"Po ju telefonoj nga infermieria e "Manchester Royal"... Më vjen keq t'ju informoj se... Zonja Kayita është ende këtu... Po, sigurisht... Do jem me të derisa të mbërrini.".

Largimi nga spitali ishte më i vështiri. Tamam si ato dy bananet namasasana, të bashkuara në lëkurë, që i ndan dhe hani njërën... Kështu u ndje Nnami.

*

Fillon pastrimin e banjës. Dyshemeja është shtruar me një linoleum me mozaik blu. Në vend të koshit të rrobave të palara, i hedh në kosh rrugicat e tualetit. Nga dollapi do marrë të tjera, të pastra, por në vend të kësaj i hedh të gjitha në kosh; Kayitas i vdiq barku në njërën prej tyre. Më pas pastron me açe vaskën, lavamanin dhe WC-në. Heq perden e dushit dhe e hedh në kosh. Kur hap dollapin mbi lavaman, gjen pudrën e mjekrës së Kayitas, një makinë rroje dhe kolonjën. Edhe këto shkojnë në kosh. Raftet brenda kanë krijuar myk. E heq dollapin e vogël nga muri dhe e le jashtë derës së apartamentit. Do ta hedhë poshtë më vonë. Kur kthehet, banja i duket më e gjerë dhe më e freskët. Lidh qesen e koshit dhe e nxjerr dhe atë te dera.

*

Kayita kishte dy fëmijë para se të lidhej me Nnamin. I kish lënë në Ugandë me të jëmën, por marrëdhënia e tij me të shoqen kish përfunduar shumë kohë përpara se të takonte Nnamin. Kjo ia kërkoi disa herë t'i sillte fëmijët në Britani, por ai ia kthente:

"Ti nuk ia njeh të ëmën; fëmijët i ka sa për t'i mjelë, si lopën që pjell para".

Nnami shqetësohej që fëmijët të privoheshin nga babai, ndaj këmbëngulte që ai t'i telefononte çdo fundjave; madje ia blinte vetë kartat e telefonit. Kur shkoi t'i vizitonte një herë, u

98

dërgoi edhe rroba.

Kayita ishte përshtatur mirë me mjedisin e ri të një martese perëndimore; ndryshe nga burrat e tjerë nga Uganda, martuar me gra që kishin emigruar para tyre. Shumë nga këto martesa u tensionuan kur dhëndëri, i sapo ardhur nga Afrika, tronditur nga përballja me një kulturë të re, ish ndjerë i zhburrëruar nga një grua e mësuar me jetën në Britani. Kayita nuk e kishte problem të merrej me shtëpinë kur nuk punonte. Mundën të përballonin veç një martesë të vogël e më pas vetëm dy fëmijë. Në fund të muajit të parë i bashkuan hesapet: Kayita punonte për "G4S", kështu që rroga e tij ishte dukshëm më e vogël, por u përpoq ta kompensonte duke bërë shumë punë jashtë orarit. Pasi paguan faturat dhe shpenzimet e tjera të familjes, hoqën mënjanë ca para t'ia dërgonin fëmijëve të tij apo për emergjenca të tjera në familjet e tyre; dikush vdiste, dikush sëmurej a dikush po martohej.

Nnam kishte blerë nëntë hektarë tokë në rrethinat e Kalules, para se të njihej me Kayitan. Pas dekadash në Mançester, ëndërronte të tërhiqej në Ugandën rurale. Por kur erdhi Kayita, sugjeroi që të blinin tokë në Kampala dhe të ndërtonin fillimisht një shtëpi qyteti.

"Pse të ndërtojmë një shtëpi, ku nuk do jetojmë për njëzet vjetët e ardhshëm, në Kalule, në fshat, ku as me qira nuk e jep dot? Qiraja nga shtëpia e qytetit mund të kursehet që të ndërtojmë shtëpinë në Kalule".

Kjo kishte kuptim.

Blenë një copë tokë në Nsangi, por babai i Nnamit, që e bleu për ta, e dinte se shumica e parave vinin nga e bija, kështu që e regjistroi në emër të saj. Kur Kayita protestoi se po e mënjanonin, Nnam i tha të atit ta hidhte gjithçka në emër të Kayitas.

Nuk mund ta përballonin koston e udhëtimit për të gjithë familjen, veç Kayita fluturonte rregullisht në Ugandë për të kontrolluar punët. Megjithatë, shtëpia u ndërtua kryesisht nga babai i Nnamit; i vetmi person që gruaja mund t'ia besonte paratë dhe që për më tepër ishte inxhinier. Kur shtëpia përfundoi, Kayita gjeti qiramarrësit. Kjo, në vitin 1990, gjashtë vjet para vdekjes. Patën të njëjtët qiramarrës gjatë gjithë atyre viteve. Edhe Nnam kishte shkuar ta shihte shtëpinë e kishte takuar qiraxhinjtë.

Nnam po pastron dhomën e gjumit tani. Parmaku i dritares ishte pis. Kayita vinte natën kuletën, çelësat e makinës, syzet dhe kartën e "G4S"-së aty. Një herë la një formular pranë dritares së hapur; ra shi dhe letra u bë qull. Boja u tret dhe ngjyrat u përhapën e njollosën murin e dritares. Nnam spërkat pastruesin mbi njolla, por boja as që lëviz. E njom dhe me açe.

Hoqi çantat dhe këpucët e vjetra nga dyshemeja e dollapit. I kish dërguar rrobat e Kayitës në një dyqan bamirësie menjëherë pas varrimit, por prapë gjeti një rrip dhe një palë të brendshme të tij pas çantave. Ndoshta kjo ishte arsyeja që aroma e tij nuk ikte nga aty. Pas pastrimit hodhi një tabletë aromatike në dyshemenë e dollapit.

Ugandasit i ndenjën pranë javën e parë pas vdekjes së Kayitas. Burrat morën përsipër çështjet mortore, gratë kujdeseshin për shtëpinë, ndërsa Nnam lundronte mes të qarit dhe gjumit. E bënë shërbimin funeral në Mançester dhe organizuan mbledhjen e fondeve duke thënë:

"Nuk po varrosim asnjë prej nesh në dëborë."

Gjatë asaj jave, gratë që punonin me turne fjetën në shtëpinë e Nnamit, u kujdesën për fëmijët dhe më pas shkonin në punë. Njerëzit sillnin ushqime dhe para, e në mbrëmje luteshin e këndonin. Dy nga miqtë e saj morën lejen dhe blenë bileta të fluturonin për në Ugandë me të.

Pikërisht kur po blinte biletat, gruaja mendoi se ku do ta bënte xhenazen në Ugandë, pasi shtëpia kishte qiraxhinj. Telefonoi dhe pyeti të atin, që i tha se familja e Kayitës po i vinin vërdallë detyrimeve për varrimin.

"Po i vijnë vërdallë?".

"Ashtu, si rrotull e rrotull.".

"Po pse?".

"Janë fshatarë, Nnameya; e dije se ç'ishin kur u martuat.".

Nnami heshti. Ashtu ishte i ati... Kurrë nuk i pëlqeu Kayita. Nuk kishte as diplomë e nuk vinte nga familje e respektuar.

"Sille Kayitën në shtëpi e shohim kur të jesh këtu", i tha në fund.

Sapo e pa familjen e Kayitas në aeroportin "Entebbe", Nnami e kuptoi se diçka nuk shkonte. Nuk ishin vëllezërit që ajo kishte takuar më parë dhe nuk dukeshin aspak miqësorë. Kur ajo pyeti familjarët e vet se ku ishte familja e vërtetë e Kayitas, i thanë:

"Kjo është familja e tij e vërtetë".

Nnam fërkoi mjekrën me habi për një kohë të gjatë dhe veshët akoma i fërshëllenin.

Kur arkivoli doli nga dogana, familja e Kayitës e mori, e ngarkoi në një furgon që kishin sjellë dhe ikën.

Nnami ngeli gojëhapur, e tronditur:

"Mendojnë se e kam vrarë? I kam këtu dokumentet e autopsisë.".

"Autopsinë... E kujt i intereson?".

"Ndoshta ai kishte turp për familjen e vet.".

Nnam fajësoi snobizmin e të atit për sjelljen e tyre.

"Ndoshta mendojnë se jemi snobë.".

Hipi në një nga makinat e familjes së vet, të ndiqte vëllezërit e Kayitas.

"Jo, jo snobizëm", i tha me qetësi Meya, vëllai më i madh dhe u kthye nga Nnami, që ishte ulur në sediljen e pasme. "Mendoj se duhet të bëhesh e fortë, Nnameya".

Në vend që ta pyeste se ç'donte të thoshte me ato fjalë, Nnami shtrëngoi dhëmbët sikur të priste një grusht.

"Kayita ishte... ishte i martuar. Ka dy fëmijët më të mëdhenj, për të cilët të tha besoj, por në ato pak raste që vinte këtu ka bërë edhe dy të tjerë me të njëjtën grua".

Nnam nuk reagoi. Diçka i kish ngecur mes dhëmbëve të parmë të poshtëm. Gjuha, e irrituar, shkonte e përpiqej ta hiqte pa sukses, ndaj nga padurimi e hoqi me thua.

"E morëm vesh që kur vdiq, por babai tha të presim pa ta tregonim kur të vije në shtëpi.".

Në makinë ishin tre nga vëllezërit e saj, të gjithë më të mëdhenj në moshë. Motrat ishin në një nga makinat që vinin pas. Babai dhe djemtë në një tjetër, kurse xhaxhallarët dhe hallat pas tyre. Nnami heshti.

"Duhet t'i ndalojmë dhe të pyesim se sa larg do shkojmë,

se mund të na duhet të marrim karburant", tha njëri vëlla dhe tregoi furgonin me arkivolin.

Nnami heshtte. Ishte si një kiwuduwudu , një bust pa gjymtyrë, pa ndjenja.

Arritën te rrethrrotullimi Ndeeba dhe furgoni me arkivol u fut në rrugën "Masaka". Në hyrje të Ndeebas, pranë punishteve të drurit, e parakaluan furgonin dhe i bënë shenjë të ndalojë. Vëllezërit e Nnamit zbritën nga makina dhe shkuan te familja e Kayitas. Nnami akoma përpiqej të hiqte diçka irrituese nga dhëmbët. Në Ndeeba të mbyste aroma e mykur e drurit gjysmë të thatë dhe tallashit.

Ca dërrasa të rënda ranë mbi njëra-tjetrën dhe gjëmuan. Sharrat tingëllonin si kositëse bari. Hodhi vështrimin matanë rrugës; në pikën e karburantit pa një lavazh dhe buzëqeshi. Duhet të jesh e fortë Nnameya! Ç'alternativë tjetër kishte?

"Sa larg do shkojmë?", pyeti Meya vëllezërit e Kayitës. "Mos na duhet të mbushim serbatorët?".

"Në Nsangi", u përgjigj njëri prej tyre.

"Mos u përpiqni të na humbni; do thërrasim policinë.".

Furgoni u largua vrazhdë. Kur të tre vëllezërit u kthyen në makinë, rrëfyen gjithçka.

"Po e çojnë në Nsangi, Nnam; mendova se shtëpia jote në Nsangi ishte me qira?".

Si qen që ngre veshët, Nnami u tensionua. Sytë i lëviznin nga njëri vëlla tek tjetri, sikur përgjigjja të ishte shkruar në fytyrat e tyre.

"Më merrni babin në telefon", u tha.

Meya e vuri telefonin me zë të lartë. Kur u dëgjua zëri i babait, Nnami pyeti:

"Baba, a i ke dokumentet e pronësisë për shtëpinë në Nsangi?".

"Janë në kasafortë.".

"Në emrin e tij janë?".

"Pse budalla jam?".

Nnami mbylli sytë. "Faleminderit babi, faleminderit babi, faleminderit, faleminderit!".

I ati nuk u përgjigj.

"Kur është paguar qiraja për herë të fundit?".

"Para tri javësh. Ku jeni tani?".

"Mos e pyet... babi", tha ajo. "Jemi në Ndeeba. Nuk do shpenzojmë më para për këtë funeral. Familja e vet ta varrosë si të dojë: Nuk më intereson edhe nëse e hedhin në një gropë. Po e çojnë në Nsangi".

"Në Nsangi? Po kjo nuk ka kuptim.".

"As për ne".

Nnami mbylli telefonin dhe iu kthye vëllezërve:

"Shtëpia është e sigurt", sikur ata të mos e kishin dëgjuar ç'tha i ati. "Tani ata mund ta mbajnë vigjiljen në një shpellë po të duan.".

Vëllezërit nuk u përgjigjën.

"Kur të arrijmë atje", ish kthyer jeta në zërin e Nnamit, "do zbuloni se çfarë po ndodh. Unë do rri në makinë. Pastaj do më ktheni në qytet; më duhet të shkoj në një sallon të mirë dhe të përkëdhel veten si duhet. Pastaj do të marr një busuuti të mirë dhe do vishem paq; nuk jam më e ve."

"Nuk ka nevojë...", foli Meya.

"Të thashë se do shkoj në një sallon të rregulloj flokët, thonjtë dhe fytyrën. Por së pari do bëj një banjë dhe do ha diçka të shijshme. Për xhenazen shohim më vonë", tha e qeshi sikur ishte e çmendur. "Se u kujtova", u kollit dhe i ra gjoksit të lehtësohej. "Kur ishim të rinj", u gëlltit me zor, "e kujtoni se si njerëzit thoshin se ne gratë ganda jemi të prirura për pronën? Me sa duket, kur burri vdes papritur, gjëja e parë që duhet të bëni është të kërkoni tituj e pronësisë, kontratat, letrat e makinës, çelësat dhe të gjithë të tjerat. I mbështillni fort me një leckë dhe i mbani si pecetë sanitare. Kur i keni të sigurta mes shalëve, lëshoni një klithmë të rëndë: Bazze vange!".

Vëllezërit qeshën me nervozizëm.

"Sapo kuptova që më kërcënonin shtëpinë: vuuu,", bëri një gjest si era që i frynte mbi kokë, "pikëllimi, dhimbja dhe tronditja ikën".

*

Kur u shfaq shtëpia dykatëshe me tulla të kuqe në Nsangi,

103

Nnami pa me ndrojtje se oborri dhe shtëpia në përgjithësi ishin mbajtur mirë. Kur furgoni i arkivolit hyri në oborr, njerëzit e Kayitas, të emocionuar, e rrethuan. Gratë e qanin me kujë. Vaji i gruas së Kajitës dëgjohej më shumë: një vajtim për një bashkëshort që kishte vdekur vetëm e në të ftohtë. E qara ishte si një kolonë zanore e arkivolit të Kayitës, që shkarkohej e çohej në shtëpi. Dikur zhurma u shua. Nnami sapo kishte konfirmuar se gruaja e Kayitas kishte qenë qiramarrësja e saj gjatë gjithë kohës dhe bashkë ishin takuar më parë. Kayita kishte paguar qiranë e së shoqes me paratë e Nnamit, që tani, e habitur nga gjithë kjo, mezi e mbante gojën.

"Kayita nuk ishte hajdut; ishte vrasës", tha e shtrembëroi buzët pa i besuar mirë vetes.

Po prapë zemra është e dobët; Nnami u tremb. Udhëtimi kish mbaruar dhe realiteti i rrinte përballë kokëfortë.

Motrat erdhën e u ulën në makinë me të. Babai, djemtë, xhaxhallarët dhe hallat parkuan jashtë kompleksit. I kishin këshilluar të mos dilnin fare nga makinat dhe e gjithë kjo dukej sikur i bënte Nnamit karshillëk. As që vuri re një burrë të moshuar t'i afrohej makinës. Me shpinë të thyer, po shikonte brenda kur ajo e vuri re. Iu prezantua si babai i Kayitës dhe i foli Nnamit:

"Me sa kuptoj, ju jeni gruaja që ka jetuar me tim bir në Londër".

"Mançester", korrigjoi vrazhdë një nga motrat e Nnamit.

"Mançester, Londër, Nju Jork, të gjitha janë si mizat për mua: nuk dalloj dot as mashkullin nga femra...". Plaku u kthye nga Nnami: "Tani e kuptoni që Kayita kishte grua" dhe para se Nnami të përgjigjej, vazhdoi: "A mund ta lejoni ta kalojë këtë moment të fundit me të shoqin me dinjitet? Presim që ju të mos e shfaqni praninë tuaj, por djemtë i pranojmë. Do të na duhet t'ia tregojmë fisit kur të jeni gati.".

Motrat mbetën pa fjalë dhe Nnami e pa burrin të kthehej ngadalë në shtëpinë e saj.

Dy miqtë nga Mançesteri mbërritën më në fund dhe erdhën te makina ku ishte ulur Nnami, e cila sapo vendosi të përballej me poshtërimin e saj. Gruaja i pa në sy miqtë dhe u shpjegoi detajet e mashtrimit të Kayitas, ashtu si i shpjegon një mjek pacientit shkallën e infeksionit. Por ishte më shumë një shpjegim dinjitoz ndaj vetes.

*

Nuk ka asgjë për të pastruar në kuzhinë, por Nnami i heq të gjitha pajisjet e lëvizshme, fshin papastërtitë dhe mbeturinat e grumbulluara pas tyre. Nën lavaman, fshehur pas qeseve të pazarit, gjen filxhanin e Kayitas. Ia kish blerë në përvjetorin e tyre të pestë të martesës: 'Burri më i mirë në botë'. E çon jashtë dhe e hedh në kosh. Në kanatat e sipërm ka kuti llamarine të sheqerkave, bosh, me të cilat Kayita e përkëdhelte veten në Krishtlindje. I pëlqenin ëmbëlsirat: kiflet, akulloret, arra me xhenxhefil dhe eklerët. I grumbullonte ato teneqe dhe thoshte se një ditë do u duheshin. Nnami buzëqesh kur i hedh edhe ato në kosh; tendenca e Kayitës për të grumbulluar gjërat kot tani ka kuptim.

*

Nnami, miqtë dhe familja e saj u kthyen prapë për funeralin rreth orës njëmbëdhjetë të darkës. Aty ku u ul, mundi të vëzhgonte gruan e Kayitas, që dukej aq plakë sa të ishte nëna e saj. Ky vëzhgim, në vend që t'i jepte kënaqësi, e bezdisi. As hija e rëndë, busuuti i shtrenjtë, bizhuteritë dhe ajo hije britanike nuk mund ta mbanin larg dhimbjen e mendimit që Kayita i kishte ndenjur besnik një gruaje të tillë. Thuajse e theu hijen e saj indiferente, të mbajtur me aq kujdes. Sa herë e shihte atë grua, nuk ishte xhelozia që ia mundonte zemrën, qe pëshpëritja brenda vetes se ajo nuk kish qenë kurrë aq e mirë sa duhej.

Pikërisht atëherë, tezja e saj, ajo që e përgatiti për dasmën, erdhi t'i rikujtonte traditën:

"Kur të vdes burri, duhet të vini menjëherë një pecetë sanitare, që kur të mbështillet me qefin për varrim, t'ia vendosin te organet gjenitale, që të mos kthehet më për...".

"Në djall me këtë!".

"Desha veç...".

"Në djall!", as që e vrau mendjen Nnami.

Tezja iku pa u ndjerë fare.

*

Me mbërritjen e shumë të tjerëve nga farefisi i Nnamit, erdhi edhe një grup mesogrash. Nnami nuk e dinte kush i ftoi. Megjithatë, një gjë ishte e qartë; ishin të zemëruara fort. Me sa dukej, historia e Nnamit nuk ishte e vetmja. Gratë kishin dëgjuar për gjendjen e saj dhe i kishin ardhur në ndihmë. Gratë dukeshin si ish-"nkuba kyeyo", fshesa që shtynte emigrantët ekonomikë drejt Perëndimit. Kishin veshur rroba të shtrenjta dhe e përzienin lugandën dhe anglishten sikur gjuhët të ishin motra. Ca kishin shami e ca paruke. Tualeti i rëndë dukej sikur qe bërë për karshillëk ndaj dikujt. Disa e kishin zbardhur lëkurën. Shkarkuan nga makinat arka me birrë dhe kuti me xhin "Uganda Waragi". I sollën në tendën ku Nnam u ul me familjen e saj dhe nisën t'i shpërndanin. Njëra iu afrua Nnamit dhe e pyeti:

"Ju jeni Nnameya nga Mançesteri?", foli me një zë të vrullshëm, sikur sa të kish kthyer një shishe "Waragi".

Nnami pohoi me kokë dhe gruaja u afrua më pranë:

"Nëse dëshiron të bësh vejushën që qan, vazhdo, por pjesën tjetër na e lër neve".

"Të dukem sikur po qaj?".

Gruaja qeshi triumfuese. Dukej sikur i kishin dhënë leje të bënte ç'të donte. Nnami mendoi se kjo bandë ishin gra biznesi, ndoshta nëna beqare, të pasura dhe të mërzitura që kërkonin pak argëtim. Pikërisht atëherë erdhi një kushërira e Nnamit. Ishte e qartë që sillte lajme të rëndësishme, sepse u ul pranë Nnam dhe pëshpëriti:

"Djemtë e tu janë të vetmit meshkuj në familje". Vajza fërkoi duart sikur Nnami sapo kishte fituar lotarinë dhe ktheu kokën e tregoi me buzë drejt vejushës së Kayitës: "Ajo ka vetëm vajza".

Nnami buzëqeshi. U kthye dhe i pëshpëriti familjes së saj rrotull: "Lumumba është trashëgimtari. "Shoqja" jonë nuk ka djem" dhe një rrymë gëzimi përshkoi tendën teksa familja e saj i treguan njëri-tjetrit lajmin.

Në fillim, banda e grave vajtuan qetësisht, duke pirë birrë

e pyetur për Britaninë, sikur të kishin ardhur në vigjilje nga mirësia ndaj Kayitas. Rreth orës dy, kur kori u lodh, një nga gratë u ngrit në këmbë.

"Shokë vajtues!", foli me një zë të butë, sikur po sillte lajmin e mirë të ringjalljes.

Një heshtje nderuese ra mbi njerëzit rreth xhenazes.

"Ta tregojmë këtë histori si duhet", tha dhe pas një pushimi solemn vazhdoi: "Ka një grua tjetër në këtë histori".

Heshtja ra si gur.

"Ka edhe dy fëmijë të pafajshëm në histori".

"Amiina mwattu!". Aminet e bandës së grave dukej sikur vinin nga ungjilltarët në kishë.

"...Por do ta filloj me historinë e gruas".

Sipas saj, kjo histori nisi kur prindërit e Nnamit e dërguan atë në Britani të studionte e të përmirësonte veten. Ajo kish punuar shumë, studiuar e kursyer, por ja ku na vjen një gënjeshtar dhe hajdut.

"E mashtruan", e ndërpreu me padurim gruaja me atë zërin e vrullshëm dhe hovi në këmbë sikur tregimtarja nuk po i jepte historisë rëndësinë e duhur. "Ai u martua me Nnamin; kemi fotot, kemi videon. Madje i gënjeu edhe prindërit e saj; shikojeni këtë turp!".

"Hë tani!", protestoi me butësi gruaja e ndërprerë. "Po e thosha historinë siç duhet, ndërsa ti po kërcen kot".

"Ulu tani; nuk do rrimë gjithë natën me këtë histori", tha gruaja e rreptë.

Gruaja e butë u ul. Vajtuesit e tjerë ngelën të shtangur nga guximi i grave.

"Një njeri i zgjuar pyet", vazhdoi rreptësisht gruaja: "Ku i gjeti Kayita paratë për të ndërtuar një shtëpi të tillë, kur ai fshin rrugët në Britani? Atëherë e kupton se, aaaaa, u martua me një grua të pasur; një avokate në Mançester.".

"Nga i di kjo gjithë këto?", pyeti nën zë Nnami kushëririn e saj.

"Hmmm, fjalët kanë këmbë.".

"Ai i tha avokates që nuk ishte i martuar, por ama kjo gruaja këtu e dinte se çfarë po ndodhte. A e di dikush këtu

107

tronditjen që po kalon kjo? Jo! Pse? Sepse është nga ato gra që kanë emigruar? Për ata që nuk e dinë, kjo është shtëpia e saj e ndërtuar me paratë e saj. Përfundova.".

Disa duartrokitën, ndërsa folësja u ul dhe rrëmbeu birrën. Zia e funeralit qe kthyer në ngazëllimin e një mitingu politik.

"Vdekja erdhi si një hajdut", u ngrit në këmbë një grua me një zë kërcitës. "Nuk i ra derës e nuk i mori leje Kayitas. U hoq perdja dhe çfarë pisllëku doli!".

"Nëse kjo grua nuk do të kishte luftuar fort ta sillte Kayitan në shtëpi, britanikët do ta kishin djegur. Nuk bëjnë shaka ata dhe nuk humbasin as një copë tokë për kufoma që nuk i do kush. A pati dikush hirin ta falënderojë këtë grua? Jo! Në vend të kësaj, babai i Kayitës i thotë të heshtë: çfarë fshatari!".

Banda e grave kishte filluar të hidhte romuze, që mund të ktheheshin në fyerje. Një plak u fut në mes t'i qetësonte.

"Ju e thatë tuajën, o nëna të kombit, dhe po shtoj se kjo është një pikë e rëndësishme, sepse, ta pranojmë, ai gënjeu dhe, siç e thatë edhe ju, këtu ka edhe dy fëmijë të pafajshëm në mes".

"Së pari të shohim gruan britanike", e ndërpreu njëra. "E quajnë Nnameya. Le ta shohë bota që kjo familje fshatare e përdori si letër për të fshirë bythën.".

Nnami nuk donte të ngrihej, por ama as nuk donte të dukej mosmirënjohëse ndaj përpjekjeve të grave, ndaj u ngrit me kokën lart.

"Eja", një grua e dehur e kapi për dore dhe e çoi përmes vajtuesve në dhomën e ndenjjes. "Shikojeni", i tha familjes së Kayitas.

Vajtuesit, edhe ata që kishin qenë në fund të shtëpisë, erdhën të shihnin Nnamin, që e hoqi shikimin nga arkivoli, sepse lotët po e bënin ta braktiste krenarinë.

"Unë edhe mund të jetoj me faktin që më vjedh, por ç'do ndodhë me fëmijët e mi?".

Bandës së grave iu zhduk qëndrimi konfrontues dhe të gjitha tundën kokën, fshinë sytë dhe thithën dhëmbët në drithërimë.

"Po, fëmijët... ui-ui... por edhe meshkujt ama... kjo mungesë zgjedhjeje ku kemi lindur... Kush tha se burrat kanë njerëzi...?".

Vigjilja ishte kthyer në favor të Nnamit.

Por pikërisht atëherë sytë e tradhtuan Nnamin. I hodhi një vështrim në arkivolin e hapur; nuk ka pamje më revoltuese se një kufomë e kapur në gënjeshtra.

*

Nnami është në dhomën e ndenjjes. E ka mbaruar pastrimin. I ka hequr të gjitha fotografitë nga muret: dasma, ditëlindje, portrete shkollore, krishtlindje dhe të gjitha fotografitë e bëra para vdekjes së Kayitas, pavarësisht nëse ai është apo jo në foto. I ka hequr e lënë veç nga të tjerat. I hedh në kosh dhe lidh qesen e plehrave. Të tjerat i çon në dhomën e gjumit. Merr këmishën e natës dhe mbulon lakuriqësinë e vet. Pastaj ajo e nxjerr qesen me fotot jashtë, para derës. Kur hap derën, freskia e ajrit e godet nga jashtë. I hedh të gjitha qeset e plehrave, një nga një, në grykën e koshit të përbashkët të mbeturinave. Fillimisht hedh thasët e vegjël, që bien me një jehonë të vonuar. E thyen kabinetin e lavamanit dhe i hedh copat njëra pas tjetrës. Më në fund, ngjesh në grykën e koshit edhe qesen e madhe, atë me fotot, por qesja ngec e nuk bie. Nnami kthehet në shtëpi dhe sjell një leckë dyshemeje me bisht të gjatë. Në mendje i kumbojnë akoma fjalët e fundit të babait:

"Nuk mund t'i përzëmë nga shtëpia ashtu. Aty janë katër fëmijë të pafajshëm dhe Lumumba, duke qenë djali i madh i Kayitës, i ka trashëguar edhe motrat. Mos t'ia hedhim atë faj mbi supe djalit.".

Me bishtin e drunjtë, Nnami përpiqet ta rrëzojë qesen në kosh. Pas ca përpjekjesh dhe thyerjes së xhamave të kornizave, qesja bie. Kur Nnami kthehet në shtëpi, aroma e bojës është dërrmuese. Çon leckën në kuzhinë dhe lan duart. Pastaj hap të gjitha dritaret dhe era i fryn perdet me vrull. Heq fustanin dhe era e ftohtë fryn mbi lëkurën e saj të zhveshur. Mbyll sytë dhe ngre krahët. Ndjesia e flladit në lëkurë, të qenit lakuriq, heshtja në një shtëpi të pastër është kaq ngashëruese, por Nnami nuk qan.

Shqipëroi Dritan Kiçi

LINDITË RAMUSHI DUSHKU

N'ikje

N'nisje asht kjo kangë e t'lutunve drejt qiejve
e tokës lëshuem rranjët
unë
pa asnja
...për diku
veç diku larg
ma larg se shkon vetja n'andrra,
atëherë kur tentoj me i pa me kast,
sytë çel e veshët mbyllun prej thirrjeve t'kohës.

N'ikje asht edhe zani jem për kah një e panjohun
njiashtu si tan t'kthyemit
dëgjohen jehonat.

Larg t'tashmës së grryeme thembrrash
këtij qyteti t'vogluem zemre
njerëz me veshje t'shqyeme e fytyrë ngjyrosun
që bëjn sehir ecjaket e tjetrit
pos nji kange njoh
nji za lshuem të nji instrumenti
melodia e t'cilit knon gaz e vaj
ai e njeh
ai qe ka njanen prej tyne
vallzue.
Ikja jem shkon si shall fluturuem erës
nji fije floku ndame prej koke
n'gjetje
për pak erë parfumi.

Aty asht një lis degë thyem.

Po knohet nji kang që unë e di
e tashmja "s'mundet me më zan ma"

Kur krejt i humba...

Kur thash se i humba të gjitha.
Perëndimin në paqe të diellit të madh,
hanën rrumbullake që dritën e ka të vakët.

Bukën e sofrës që u tret në gatim e sipër.
Miq që u harruen kohës, m'u zhveshën para syve
të një pjese ku harresa ban vend.

U zhvesha hyjit, se veç ashtu mund ta njihja të vërtetën.

Pa ditur më shumë t'i jap kuptim dy syve që shohin,
këmbëve që më bajn të lëviz,
duarve që prekin për rreth.

Kur thash se të gjitha i humba, goja m'u ba memece
nuk bana asgja tjetër veç iu zhvesha hyjit.

A hyji mund të ishte vetë vetja ime, që mund të rregullonte ciklin
po ai hyj që thotë e mban mend kodet e sakta të së nesërmes,
që m'u ndërtua në t'kaluemen.

Po ai hyj që të nesërmen e di me fije.
Sërish në vetën e tretë iu drejtova
u zhvesha duke e ngrit fuqinë që mund të ishte jashtë meje.
Kur pash që i humba krejt, u bana memece.

Nuk më mban ky qytet

Ky qytet nuk më mban.
Asht si prush që djeg përfundi
rrotullue në tana anët nxjerrë za si hi i endur
zjarrnit të shkymun prej kohësh
prej njerëzve t'zvarritun tokës t'papunueme.

Unë e shoh çka ka ba moti.
S'më mban dot ky qytet,
as unë s'due me ec
as me u çjerrë vajit e me u ngjit kurrë gurëve a asfaltit
rrëshqitun
as ndërtesave të nalta, ngjitun gjunjësh si ujkonjë,
që bërtet për hanën e plotë natës me qiell hapun
se liska s'ka ma.

Due me marr frymë
me dëgjue
me ma dëgjue
mushkërinë
qerpikët kur përpëlit
e flokët kur i lëshoj siç due.

Pa u prek prej këtij hini t'tretun trupave,
fytyrave njerëzish të tanishëm nga e shkumja,
murmurisin gjithçka çfarë iu është ngjiz.
Due me shkel mbi të, ikun, pa e kthye kryet mbrapa
pa luftue me të pa "luftueshmen".

Nuk mundet me më mbajt ky qytet.
I tretun e thërrmue, nji plotni mbi ta asht si guri mbi ujin e cekët
që kput çdo fije arnueme përrreth.
Unë du me ik, pa e dëgjue thirrmën e zanit t'mekun
tu më than se di me më rinue
tu me lan n'vramje.

Udha e kthimit

Asaj udhe me i ra
asht si ushtimë e valës së detit goditun shkëmbinjve
kur bahesh gati me i than lamtumirë frymës (dashnisë)
që rri ngjitun shpirtit.

Kambët t'qojnë andej kah se din ku asht drejtimi
po ti s'ke pse i kthen andrrat n'sy çelë
e me harru çka ki me marr mbas veti
në një valixhe thurrun prej smirës së t'ligëve
andrrat janë mesazhe t'kohnave t'kalueme dhe atyne që vijnë.

Ban me i than zashëm
si urdhën
kujtimeve
mi fry tana gjethet si vjeshta
me nejt zhveshun pa turp
me ia gjuajt veten e brendësueme shiut ashtu t'përvëlueme
mbështjellë ngushtë
me marrë frymë edhe kur lutja ka humbë fuqitë
shqiptue fjalët e shërimit.

Aty mbesin ernat, zani kumbuem veshit
dyshemenë me gjurmë që tash t'çojnë drejt shkymjes.
Thirrja vjen nga filli
tu u rinue
t'thot të due
hukama pezull
në avullni lëshon (vajin) kangën e kthimit.

Udha që knohet ninullave t'gjumit e kangëve t'mallit.
Prej filli
t'lulon trupit.
Udha e kthimit asht gjamë
ki me ndje si kur hapet legeni

a universi shumfishon vetet tua njisoj
ashtu sikur fëmija barkut rrotullue
del s'jashtmi n'prehen tu kajt
a nana knon prej gzimi.
Ia nis e kallxon udhën e kthimit
n'prehnin e praruem sysh.

Nji zhig qi t' zen frymen asht dashnia

E diela e ardh/ikjes
ma sjell n'mend nji rreth qi m'ban horë
para vetit
për qiknin e besueme drynit t'huej
qi ka le n'mes dhimtes e dimnit t'para përfunduem.
Nji zhig qi t'zen frymen asht dashnia
mos me t'lan mi shlye mëkatet e vogla
se voglue mbetet zemra
n'para nusni
n'mos i kallxoftë rremat se për çka i vlon gjaku
...veç dashnie n'koftë
t'zen besë fjala "qi ki me majt duersh" zanën
kur t'bjen para
prej t'lshuemit kamëve
a prej zanit tand
kur thrret n'emën.
Druju t'dieleve qi i kanë t'shkrueme udhtë
do t'ardhme
e do t'shkueme.

Linditë Ramushi Dushku lindi në vitin 1984 në Gjilan. Ka studiuar Psikologji në Universitetin e Prishtinës dhe është diplomuar në Universitetin e Tiranës. Ka botuar: përmbledhjen me poezi "Mos hesht", 2004; "Me sytë e ëndjes", poezi, 2012; "Âsht gusht", poezi, 2019 dhe romanin "Eva, njëra nga ato", 2019.

ROMELDA BOZHANI

Në sytë e Zizisë, baobabi

Zizinë nuk e kisha parë ende, por bëzajtja ma kishte sjellë shëmbëlltyrën e saj. Kaq më mjaftonte ta fotografoja me mendje, siç bëja me dritëhijet që më ngacmonin sa herë merrja aparatin fotografik në dorë. Ia shihja flokët e mbuluar me namazbezen e zezë dhe të rëndë. Ballin e lartë, buzët e plota vishnje, lëkurën e zeshkët e të lëmuar, mollëzat e kërcyera, fytyrën e stërgjatur në formë vezake. Shenja të një shartimi arabo- indian, gjak i hershëm në zemër të Afrikës. Kështu kishin mbërritur tek unë të gjitha ato hire, ende pa e prekur Unguja-n, siç e thërrasin vendasit ishullin e erëzave, Zanzibarin, ku zagushia të mbyt si rënkimet e një gruaje.

Udhëtoja me anijen e linjës që vinte nga Pemba, ishulli i dytë i arkipelagut. Prisja të prekja atë butësi, mbuluar kokë e këmbë me rrobën e gjatë e përpiqesha të thithja me të gjitha shqisat ngjyrat e detit, që i mungonin portretit të zi të Zizisë. Rrekesha të gjeja mënyrën si ta kapja si gjësend atë bukuri e ta fusja në fotografi. Përfundimisht, Zizija, e zënë në grackën e përjetshme të një çasti, në grackën time të përkohshme. Mbi gjithçka më kishin rrëmbyer sytë, e vetmja pjesë e zbuluar e saj.

Mësova se ata banorë të tokës së diellit, krahas ekzotizmit të ishullit të tyre, u këshillonin edhe sytë e Zizisë turistëve që vinin nga të katër anët e botës të thithnin ajrin, të adhuronin detin, të vëzhgonin me nge atë copë qielli e të shijonin jetën pa frikën e kohës që rrjedh.

"Do të dashuroheni vërtet me sytë e saj", më thotë Ahmedi, shoqëruesi im.

Me dhjetëra fotografë e kishin fotografuar Zizinë e punët e tyre shiteshin në çdo cep të Zanzibarit si kartolina që ngjallin kujtime. Më ndillte kujtimi i të tjerëve për këtë të panjohur,

115

mbuluar me shifon të zi e të grirë në formë hojesh të vogla, të qëndisura anash, nga ku mezi dallohet një pjesë fytyre dhe ca sy gati të fjetur.

Ata sy të mbuluar me mister, "sytë e mrekullueshëm të Zizisë", siç shkruhej me shkronja të vogla e gati-gati të tepërta mbi kartolinë.

Bëra pyetjen e çuditshme për të gjithë në atë anije. Shtyheshim në biseda e përfytyrime të ngeshme për të mos e ndjerë udhëtimin.

"Me ç'ngjyra vishet Zizija?". Zëri më doli i mekët, në pikë të mjerueshme fantazia.

"Ju s'ditkeni asgjë për ishullin ku po shkoni", më thanë. "Tek ne gratë dhe vajzat vishen me të zeza, edhe pse dielli të përvëlon në të perënduar. E zeza është ngjyra e jetës sonë. Ne jemi ndryshe nga ju".

Shoh këtë peizazh të përflakur nga dielli, nga mendimet, dëshirat e më duket se do të mbetet malli im i përjetshëm. Oqeani Indian më shket ndër sy i qetë, i përmbajtshëm e përmallem edhe me heshtjen e njohur, nanuritëse të ujit. Dau, barkat me vela të bardha, zmadhohen e zvogëlohen sa herë, derisa, të lodhura nga kotjet prej djallushkeje të anijes, vendosin të mos na shoqërojnë më. Ndjek pikat e bardha atje tej, në mes të blusë, që formojnë rrathë gjigandë duke u ngutur të vijnë tek unë.

"Ndryshe". Ç'domethënë "ndryshe"? Ndoshta s'flasin, ndoshta s'këndojnë?! Mendja kapte pa radhë çdo hollësi, fjalë apo ngjyrë, çdo lëvizje dore që tregonte mall, harresë, dhembje, dashuri. Doja të gjeja ndryshimin, po përfytyrimi i Zizisë s'më ndihmonte. A këndonte Zizija?! Shpesh. Ndonjëherë përshpëriste. A qante?! Po. Ndonjëherë përpëlitej. Atëherë, ajo nuk ishte "ndryshe", ajo ishte një grua. Një grua tashmë e njohur për sytë e mi, për aparatin tim: dritë-hije fotografish të dikurshme, të ngrira, të harruara prej kohësh në arkiva të rrëmujshme.

"Zizinë e shohim si jo të kësaj jete. Ajo është prej kohësh e pikëlluar", dëgjoj të thotë Ahmedi.

Sërish atje, në fund të kiçit. Ndjek me përtesë gjurmën e

116

përkohshme që lë pas dashuria e anijes sime me oqeanin e mendoj për braktisjen që vjen gjithmonë një çast më vonë. Pështjellim, zbrazje, vetmi. Zizija në vetminë e dhomës së madhe, në shtëpinë e vjetër me dyer që kërcasin nga ndryshku. Porta e madhe e drunjtë, portat e mrekullueshme të Zanzibarit, si porta pallate sulltanësh. Mjeshtërisht të punuara, të gdhendura si vepra arti, gur i rëndë porta e Zizisë, perde që fsheh çastet intime të një gruaje nga bota e madhe, e rrëmujshme. Në mes të rrëmujës, unë dhe aparati, bota që pret të marrë një kuptim, bukuria që fshihet. Fshehtësi që tenton të mbushë zbrazjen. Pështjellim në flokët dhe sytë e saj.

Zizija që priste te pragu i portës së rëndë që mezi hapet. Më shumë brenda sesa jashtë, më shumë mungesë sesa prani. Ja, ashtu, si në zgrib të çdo gjëje e përfytyroja. Si të ishte në prag ikjeje, braktisjeje, marrëzie të fshehtë. Më shihte edhe Zizija kur ulte kryet e me njërën dorë tentonte të fshihte atë copë fytyre të zbuluar, atë copë qielli të turpshëm.

Për t'ia fotografuar sytë, duhej t'i dilja përballë. A shihej pasqyrimi i diellit në sytë e saj?!

"Edhe vetë dielli është i trishtuar në sytë e Zizisë. A e dini?", thotë shoqëruesi. "Njëri nga fotografët thotë se ajo bën të vdesë edhe diellin".

Nuk e di pse i përfytyroja pa dritë sytë e saj. Jo të qelqtë. Për një çast mendova se ç'mrekulli do të ishte po të arrija të fotografoja vdekjen e saj, si vdekjen e një dielli.

Ndjek lojën e oqeanit me shkumën e bardhë, që seç më sjell ndër mend. Seç më kujton e bardha, kjo madhështi që më bën të kuptoj se i përkas më shumë detit, qiellit. Toka është larg, i përket asaj, është e zeza e Zizisë.

Silueta të zeza që i shoh gjithkund. Afrikanë: burra, gra, fëmijë. Përbri tyre, kafshë: pula, qengja, qen, mace. Një lopë indiane me gungën mbi shpinë pret e hutuar të zotin, që lutet në gjunjë. Sot, dje apo nesër, këto kafshë do të shiten në sokoni, në tregun e zhurmshëm të Zanzibarit. Është teatër pozash tregu afrikan. Hutohesh nga moria e ngjyrave të ndezura, erëzat që të shpojnë hundën, nga tregtarët që shesin shkathtësinë si mall e ekzotizmin si gjësend. Me thirrje të gëzueshme, çirrje të dëshpëruara, lajka, miklime, përulje, përqeshje, përgjunje, mijëra aktorë, çdo ditë, luajnë secili rolin e vet, në skenën e këtij teatri të rrëmujshëm.

Figurat e zeza të anijes sime. Mes këtyre njerëzve që hanë e shtrihen si unë, që ndoshta edhe mendojnë për Zizinë, shkrihem e ndihem i mbrojtur, i mbuluar nga një perde e padukshme në trajtë ngazëllimi të fshehtë. Më rrethojnë, më prekin, më dalin përpara, anash, pas. "Pole", thonë e fjala u ngjit. Qeshin, këndojnë, kërcejnë, luajnë, bisedojnë të ulur e të ngjeshur turma- turma në ndenjëset e ngucura e të ngrëna si mos më keq. Shoh të tjerë të shtrirë mbi disa dyshekë të vjetër e të pistë, ku pas pak mbështetem edhe unë. Hutimi është i madh. Sapo kam dalë nga restoranti i sajuar nxitueshëm, aty në të djathtë dhe mbaj një pjatë pilau, që duhet ta ha me dorë. Mendja heziton, ngrijnë gishtërinjtë e pamësuar. Në anije s'ka lugë, pirunë, thika. Ahmedi zgërdhihet. Më shpjegon se zakoni e do që të gjithë të mblidhen në tryezë e ushqimin ta marrin me duar. Duar të mëdha, të vogla, të gjata, të holla, të reja, të plakura, të trasha, me kallo, me gunga, të shëmtuara apo të vizatuara me këna, s'ka dallim. Të gjitha duart zgjaten drejt një tepsie të madhe, mbushur me ushqim, që vihet në mes e aty takohen. Ahmedi më thotë se duhet të ndihem i privilegjuar. "Një pjatë të tërën për vete, uauuuu! Dora e bardhë e mzungu-t s'ka nevojë të takohet me ndonjë dorë tjetër", më cyt. Fëmija brenda meje turbullohet.

Në një cep, një braktisje. Një grua e pafuqishme, shtrirë përtokë. Zbathur, mbuluar kokë e trup. Një grua bantu, me foshnjën bantu. Poshtë kanga-s së saj tërë rombe, me ngjyra të gjalla dikur, foshnja pi gji. Pa këngë, pa ledhatime. "Dritë mëmësie e fikur, jetë e lodhur afrikane", mendoj. Një tjetër foshnjë që do të rritet pa të ardhme, si të gjithë fëmijët e mjerë që janë pjella e të gjitha fajeve, si turpi i të gjithëve ne, fajtorëve indiferentë.

"Nga se u vjen vdekja grave të këtushme, Ahmed?", pyes. Mendohet, ndriçon. "Nga pikëllimi, zotëri", përgjigjet. "Nga pikëllimi, besoj, si të gjitha grave të kësaj bote".

Më tregon legjendën e Zizisë. Se vajzat e bukura pasohen

nga legjendat, gjithmonë e gjithkund. Se vajzat e bukura të vënë në provë kujtesën e fitojnë: bëhen të paharrueshme.

Legjenda e do që një djalë të binte në dashuri me Zizinë. Ajo ngurronte, s'guxonte t'i shfaqej, e donte e dashuri s'premtonte. Se vajzat nuk duhet të mendojnë për dashurinë. E mbysin si të jetë magji që s'duhet përfolur, se prishet e të braktis. Vajzat duhet të presin me durim e nga pritja bëhen magjike. E nga magjia bëhen të paprekshme, ndërkohë që ëndërrojnë të jenë të prekshme.

"Por ju duhet ta merrni me mend si janë këto punë këtu. Zizija e shihte me bisht të syrit e priste", dëgjoj. Është Ahmedi që flet me duar.

Vazhdon me djalin e përndezur që tretet nga pezmi i një dashurie të pakapshme. Vijon me Zizinë që ëndërronte një dashuri të madhe e përndizej sa herë shihte djalin. Përfundon me djalin që çmendet e vdes. Kalon një natë të tërë lakuriq, majë një baobabi, duke pritur Zizinë. E gjetën pa jetë, mbi "pemën e jetës". Këmbët i ishin zgjatur e i ishin bërë rrënjë. Krahët i ishin bërë degë, që dukeshin sikur do të të përqafonin. Trupi i ngurtësuar ishte bërë njësh me trungun. Në sytë e tij të hapur fort, bënë fole korbat. Prandaj dhe baobabët janë pemë të zhveshura e të thata, me degë të shkreta dhe pa gjethe, ashtu, disi të gërryer nga brenda, të rrethuar nga një kurorë që i zbukuron në mënyrë të çuditshme, në mënyrë mortore.

Në të vërtetë, si lindin baobabët?! Si lulëzojnë?! Sa zgjat bukuria e këtij druri të drejtë e të fryrë në mënyrë groteske në fund të trungut, fillimisht tërë gjelbërim, me kurorë gjethesh e lulesh në majë, si hijeshi mbreti?! Asgjë. Asgjë në krahasim me një stërmundim të madh për t'i mbijetuar thatësirës. Duket sikur këto mendime janë kaq të përcipta e kaq e brishtë kjo jetë e gjatë prej baobabi. E shohim këtë pemë dhe mendojmë vdekjen. Lëngu është brenda tij, rrjedh po nuk shihet, si dashuria. Është histori dhembjesh, është koha e një psherëtime.

"Që prej asaj dite kemi filluar të mos i duam baobabët. Lakuriqësia është paturpësi, nuk mbahet". Ndërhyrje, bezdi, pafuqi për të prishur rregulla të ngurta, për të shembur mure, edhe në këtë cep të largët të botës.

"Prapë ti Ahmed?", pyes "Flet ti, apo legjenda?!". Qesh e nuk përmbahet. Më vonë do të mendoja se me atë qeshje Ahmedi i ngjante më shumë të birit sesa të atit. Dhëmbë të bardhë në fytyrë të zezë. Kontrast ngjyrash, zërash, përrallash. Vend ndryshe, dashuri e huaj. Vdekje e njëjtë.

Shoh Zizinë e pikëlluar, që lë sytë në anije dhe ikën. I njoh mirë, janë sytë e një të marri. Shohin ngulshëm, përtej trupit të tyre dhe duket sikur nuk shohin askund.

Më sheh, më flet. Dëgjoj, humbas. "U linda në mes të detit, një natë dashurie si kjo, që shkrin valët. Ime ëmë mbeti si anije e zbrazur, e braktisur, kur iu përvodha dridhjeve të saj. Dola në breg, në rërën e bardhë, si një gaforre që herë i gëzohet ujit e herë nxehtësisë". Hija zbehet. Prek një hamendje: Zizinë e shoh të dyzuar mes baticës e zbaticës. Kënaqësinë e prek, e lë.

"Është turp të vdesësh për një grua, zotëri... po andej nga ju, a ka vdekur kush për sytë e një gruaje?". Sërish Ahmedi, këto pyetje prej fëmije që botën s'e njeh, por e përfytyron.

"Jo, Ahmed. Askush nuk vdes për sytë e një gruaje, as andej ", mërmëris. "Kështu më duket... ose e kemi harruar", shtoj, për të mos zhgënjyer veten deri në fund. Më vijnë ndër mend qindra sy grash: të njohura, të panjohura, të dëshiruara, të dashuruara, të përçmuara, të zhgënjyera prej meje, prej të tjerëve, të gjithëve ne, që sytë e tyre i kundrojmë të mbyllur. Si arka të vulosura sytë e grave, të lëna, ashtu, si rropatje e patëkeq në jetën e dikujt. Diku e dikur na kishin qenë nazike, ndoshta dhe ecnin si peshë pupël nga ëndrrat. Ngjyra në sy, gratë, ashtu, njësoj sqimatare si në këmbë, si gjysmë të shtrira. Të etura, të hutuara, të lodhura, të sfilitura, të përpëlitura e të përgjëruara në sytë e burrave, që turpërohen t'i shohin siç janë në të vërtetë: të lakuriqta e të bukura.

Hije të tjera të zeza, të largëta, na e bëjnë me dorë. Atje, në portin e zhurmshëm, ku qindra njerëz ngarkuar me valixhe, plaçka, dëngje me banane, mango, papaja, pirgje drush, thasë me erëza, presin të bëhen dashnorët e ardhshëm të anijes sime. E shoh që larg atë buzëqeshje djallëzore që tregon padurim. Ua ndiej ofshamat e dëshirat e fshehta për ta mposhtur anijen, për t'ia mposhtur lirinë, si liria e mposhtur e Zizisë sime.

Të paqtë, të ngathët, të gëzueshëm edhe në mjerim, afrikanët zbresin pa u ngutur. Shkallët e lëvizshme prej litari të ngrënë mblidhen, rropaten, zgjaten, i lëshohen tokës.

Lëviz ngeshëm drejt daljes ku zënë radhë njerëz, baule, mendime. Lë sytë e mi atje, në fund, ku e vetmja dashuri nuk mund të shterë.

Sa herë do të zbrisja më vonë në portin e Zanzibarit, do më kujtohej ai udhëtim i parë. Në ditë të lodhura shfletoj fotografitë e asaj kohe, që më shpien në mendime të lehta vere. Supe gjysmë të zhveshura, krahë të nxirë, buzëqeshje jo rastësisht naive. Shoh Stone Town dhe ndiej nostalgjinë për një vend që të ngjall mall, pa e parë, pa e prekur. Pikturë me motive naturaliste, barka druri si barka prej letre, deti që zbukuron, teatër grotesk me diellin që çuditërisht varet nga lart e s'bie.

I ka të gjitha ngjyrat ai port, si pazar oriental. Era e detit, shija e kripës, loja imagjinare e peshqve, çdo magji e ujit, që ngutet të përzihet me aromat e tokës.

Aty pranë shihen peshkatarët që kanë hedhur grepin e presin. Kalisin durimin e tyre, atë të peshqve e durimin e një fotografi plangëprishës, që i vëzhgon nga lart. Koha s'ka kuptim, rrahjet e zemrës janë prekje të kujdeshme valësh. Përmenden vetëm nga dridhjet e peshqve, që në çast të fundit bëhen nazelinj si burrat: i pret, i përkëdhel, u ndien aromën, u prek dridhjet. Më pas, peshkatarët lëkunden, sytë u qeshin nga euforia, dhëmbët e bardhë u duken nga triumfi. E triumfin e fusin përfundimisht në stomak.

Hamejtë presin që anija të prekë sterenë. Janë të djersitur, të rreckosur, tërë muskuj, buza vesh më vesh. Vendosin trarë, lidhin litarë e, kush me duar, kush me karrocë, nxitojnë të zbrazin anijen. E zbrazin me zell të tepruar siç zbrazet hambari në dimër.

Ndërsa anija ime është zemërgjerë. Qindra njerëz e ndajnë nga deti i saj, por ajo pret. Lëshon me nge aromat ekzotike që i mbushin barkun. Karafil, ananas, kanellë, arrë kokosi, xhenxhefil, piper, spec djegës, kafe, vanilje, kurkuma, arrëmyshk, manioka, kërri, shafran, susam, aroma ndjellëse që dalin si nga gjiri i një gruaje. Rënkon gjatë me klithma të forta, si një gjigand që e kanë mposhtur përfundimisht. Të gjitha të fshehtat ua beson njerëzve, që e shesin për pak.

"Hamej!", bërtas, "Më ngrini mua të parin. Unë peshoj më shumë se valixhja ime. Jam i mbushur me tharmin e harresës, por eshtrat e kujtesës rëndojnë". A më dëgjoi kush?! Sigurisht që jo. Jeta i mposht klithmat. Jeta afrikane e mposhti edhe klithmën time të qytetëruar.

Disa gra, që presin në radhë para meje, këndojnë, qeshin, duartrokasin, ndërkohë që mbajnë në ekuilibër të përkryer shporta mbi krye e fëmijë të lidhur mbi shpinë. Burrat, të veshur me të bardha, u prijnë.

Vijnë pastaj me radhë afreske të gjalla të një jete edhe më të gjallë. Zukatje mizash, bezdi mushkonjash, pluhur, pellgje uji të ndenjur, erë e rëndë erëzash e ushqimesh që s'i njeh. Shtëpi e madhe, e mbipopulluar, porti i Zanzibarit, rrugicat e bardha e të ngushta të këtij qyteti, si labirinth nervash kujtese. Dielli zhurit. Palmat e larta bëjnë hije mbi turistët që hapin e ndalin te deti i qetë e i rrëshqitshëm si vaji. Nga pas kanë lënë male të larta në vende të mbuluara nga retë. Duan të harrojnë nxitimin në rrugët e tyre të gjera, ku turma shtyn instinktivisht. Shallet e rënda dimërore e sofistikimin, gratë i zëvendësojnë me shalle të lehta prej Kashmiri, që këtu ua merr era e mbrëmjes. Kalojnë orë të tëra në bare e lokale që kanë si strehë qiellin e ndihen të ngeshme e të lehta si harresa. Gratë! Palë-palë rëndesa e tyre. Vishen me kujdes e zhvishen shkujdesshëm, me duar pafajësie. Në nxitim e sipër harrojnë përbetimet, zhvishen nga fjalët. Në sy u shihet përralla andej larg, përtej pasqyrës.

Oh, rrugicat e Zanzibarit si zemër gruaje, të padepërtueshme! Turma njerëzish që jetën e kalojnë nën zhuritjen e diellit. Të bardhët, që i përvidhen vetes, monotonisë, dashurive të dështuara. Afrikanët, që varfërinë e përballojnë të zhveshur nga çdo lloj estetike të njohur, duke ngrënë moralin tonë me dorë, si chapati i ngrohtë, ugali , samosa *, apo fish and chips *. E ç'të qeshur bëjnë më pas! Hmmmm, qytetërimi i përqeshur nga klounë të padjallëzuar, që i këndojnë shiut në rrugë të përbaltura!

Në ato rrugica më thanë se do ta gjeja edhe Zizinë. Më thanë se e gjeja lehtë, përveç rasteve kur humbte për të lënë pas një zbrazëti që s'mbushej as nga zhurma e mbytur e detit, as nga barkat e përgjumura dhe as nga qejfi i lirë i atij qyteti magjik.

Mund ta shihja kur perëndimi e thyente fuqinë e diellit në Forodhani, shëtitoren e gjatë si gjuhë, që ndodhej përkundruall. Pas një çasti, do të binte errësira. Barkat prej letre që lëkundeshin mbi ujë, do të ngjyroseshin me të zezë. Njerëzit do ta harronin ditën, muzika e qejfi do të fillonin të bëheshin streha e fundit e natës.

Atje, në buzë të detit, larg të gjithëve, Zizija. Ishte lehtësisht e shqueshme një siluetë e gjatë, e brishtë, me kindat e fustanit të zi që ia merrte era. Atje në rërën e bardhë. Vetëm. Ajo. Nuk dihet se ç'mendon, nuk dihet se ç'pret. Nuk sheh askënd, e shohin të gjithë.

E bukura Zizi. Shtatëlarta Zizi, që lumturinë mund ta pikturonte në qiell. Dhe djalin e saj mund ta donte e djali mund ta përkëdhelte pa pyetur për legjenda pemësh, për perëndime dielli. Rrënjët i donte ndryshe Zizija, degët duhet të ishin kurora lumturie mbi flokët e saj.

Ajo jeton në të shkuarën, e tashmja i duhet si fanar kujtimesh. Ato kujtime që e shpien gjithmonë në të njëjtën ditë, në ditën e rrënimit. Në të njëjtin vend, që thith si delir. Që prej asaj dite, Zizija bën të njëjtën gjë. Del në të perënduar, kohë kur filloi marrëzia e djaloshit dhe rri e sheh detin, muzgun, natën.

Kështu e gjeta dhe unë. Në atë muzg të përflakur të atij ishulli të vogël, me ndërtesa të bardha e gra të veshura me të zeza.

I afrohem. Bëj gati aparatin. Ajo nuk lëviz. Duket e mësuar. E shkrep. E fotografoj.

Përpiqem të kap shëmbëlltyrën e saj. Një gjest, një shprehje, një lëvizje e beftë që zhduket. Trupi është i lehtë, pupël që ajri s'e përfill. Trup i privuar nga çdo realitet, nga fryma, zëri, fëshfërima që krijon rroba e gjatë teksa lëviz për t'u përjetësuar, përfundimisht, si një portret i ngrirë e i pazë. Dridhet, pastaj fashitet në heshtje, si hije që s'ekziton. Lojë iluzionesh në një kuti të errët, mbyllur e mbërthyer me tela e vida. Kuti që thith poshtërsisht gjallërinë e një trupi me mish e kocka dhe e kthen

123

në një dukje të zbehtë, të përkohshme, lojë mekanike iluzionesh në sytë e mi. Jam pikërisht unë, ai që e zhvesh dhe e kthen në hije të papeshë këtë trup. Pulitjen e syve dua t'ia kthej në përjetësi. Është çast i brishtë. Por ajo nuk pyet për përjetësi, përjetësia është përgjegjësi e baobabëve. Sytë e saj duken sikur nuk shohin. Ata sy përpijnë. Shoh të pasqyruar diellin. Deti bie në qetësi. Shoh blunë që shkrihet me portokallinë. Prek butësinë. Janë të kadiftë sytë e Zizisë. Të gjitha nuancat e ngjyrave që i mungojnë veshjes janë mbledhur tek ata sy të vegjël, të butë, të futur pak nga brenda, të largët. Sy që murmurisin. Dikur flisnin, ndonjëherë edhe luanin me mendimin. Ndërsa tani duken sy të lodhur, harrojnë të hapen. Përpëliten të shkëpusin atë fill të paturpshëm që ende i lidh me jetën.

Fillon të këndojë nën zë: "...Edhe baobabi gërryhet si pasioni im, si pasioni yt".

Mbaj vesh e dëgjoj. Nuk di ku ta kërkoj veten: te kënga apo te sytë. Ngul vështrimin në fytyrën e saj; në prag, një njeri i sfilitur që kërkon ndihmë, unë. Diçka kërcet, tërcëllon, kërkon të sfidojë ndryshkun, në fund përplaset duke gjëmuar. Një portë e rëndë mbyllet.

ARTUR SPANJOLLI

I lodhur

Jam lodhur, dua të fle.
Ç'ëndrra do të shohim vallë
në atë gjumë të rëndë
nga ku askush nuk u kthye më?
Tokë e panjohur,
ku mendimi ngrin dhe fjala nuk del.
Veç fluturojmë nëpër pllaja plot mjegull,
ku dija nuk vlen.
Të fle! Në atë gjumë plot ëndrra pa kuptim.
Të ëndërroj një tjetër jetë plot gaz dhe shpresë,
a ndoshta me djaj e përbindësha me tre kokë.
Më keq se e keqja kjo ëndërr, që mishin ma ngjeth.
O jetë, kaq e bukur, me kaq dhimbje,
përzierje plot mirë dhe keq,
ku aq rastësisht gëzojmë dhe hidhërohemi.
Ti jetë, dritë dhe diell, dhe zjarr,
dhe dert e kënaqësi.
Ëndërr kaq e bukur dhe e vështirë,
ku veç fati i yjeve shkruan
mbi letër.
Të fle, të fle! Po ç'ëndrra do shoh vallë, atje,
kur gjumi të më marrë?

Ti

Pse fshihesh?
Ç'frikë ke?
Loja ka mbaruar shekuj më parë.
Ikën aktorët, disa vdiqën,
të tjerët u shpërndanë nëpër botë,
skena u prish
i morën orenditë,
statujat e bronzta
bizhutë gjithashtu. Pse?
Pse pra fshihesh
me pseudonime në FB kyç fotot,
ç'frikë ke?
As zemra e pëlqime s've më si dikur.
Fare bosh faqja jote.
Ç'frikë të kotë ke?
Me siguri tani s'i lyen flokët
dhe rrudhat me pudër
më nuk i fsheh! Ikën
aktorët pra dhe ndjenjat
si gjethe të thara
poemash të pashkruara
mbetën. Me siguri
fotot e dikurshme nuk i sheh më.
I trembesh ndoshta lotëve
a ndërgjegjja krejt mendjen
ta turbullon?
Mos harresa, pëlhurën e fishkur
mbi kujtesë ka shtruar?
Pse hesht, pse hesht pra?
Uji që poshtë urës së jetës
rrjedh s'të kujton asgjë.
Është kohë e nipërve tani.
Pse fshihesh?
Pse hesht?

Atje

Rri atje
larg jetës sime.
Gjallë a vdekur
një zot e di.
Rri përtej maleve të padukshme
pi shiun, ha retë një sfurk si pirun.
Rri atje tej, mjegull mes mjegullnajash
e mbledhur në heshtje, pa thënë asgjë.
Nuk ka ambasada, as kancelari malesh,
as rend e rend, or Marathonomak.

Rri atje, mes erës
mbledhur me vjeshtë
në të panjohurat kafene.
Ndjen, qesh, qan, gëzon.
Por asnjë lajm
më nuk sjellin kasnecët dhe
asnjë zog nuk shtegton.

As cicërimat e uebit më nuk sjellin gjë.
Rri atje, planet i heshtur mortje
I ruhesh bujës së botës.
Kujtim i zbehur
fragment pa dritë, i përjetshëm veç
në tempull.
Je brengë e tharë,
dregëz, e kotë je!

Si ato mjegullat plot ëndërr, që veç ecin
bri meje, si një varkë pa liman.

Rri larg harruar,
si një mermer plot pluhur

që arkeologët
e skeduan si fals.
Konturet e trupit, zëri, buzëqeshja,
asgjë nuk filtron mes të gjallëve
Tani!
E vdekur je, përjetësisht.
Asgjë s'di, veç ca fletë kujtimesh
si beze e zbardhur
në diellin pa kujtesë.

JOHN UPDIKE

I dashur Aleksandros

Përkthimi i një letre të Aleksandros Kunduriotis, fëmijë në nevojë, nr. 26, 511, në arkivin e "Hope, Incorporated", një organizatë bamirësie me qendër në Nju Jork.

Të dashur zoti dhe zonja Bentley,
Të dashur prindër amerikanë,

Pikë së pari dua t'ju pyes për shëndetin e nëse edhe ju më pyesni, mund t'ju them se jam mirë, faleminderit Zotit dhe shpresës, që jeni ju në të vërtetë. Dashtë Zoti e ju dhëntë shëndet, gjithë lumturinë e kënaqësitë. Me padurim po prisja të merrja një letër nga ju në fillim të këtij muaji, por, fatkeqësisht, ajo nuk erdhi. Ja pse jam i shqetësuar për ju, të dashur Prindër Amerikanë. Ju jeni interesuar shumë për mua dhe çdo muaj më keni ndihmuar.

Nga anët tona bën shumë nxehtë në këtë periudhë të vitit, sepse jemi bash në zemër të verës. Puna që bëjmë fushave është shumë e vështirë, me sa dëgjoj nga më të rriturit. Ndërsa unë, kur s'kam ndonjë punë në shtëpi, shkoj në det për t'u larë e i kënaqem freskisë së tij me shokët e mi. Deti është fort i dashur në këtë periudhë të vitit. Kaq janë lajmet nga ana ime. Pushimet vazhdojnë deri sa të hapet shkolla, kur me forca të reja dhe me kënaqësi do të fillojmë mësimet. Sot që po ju shkruaj sapo kam marrë tetë dollarët që më dërguat për muajin korrik e ju falënderoj shumë. Me to do të blej gjithçka më duhet, madje edhe miell për bukë. Duke e mbyllur, po ju përcjell përshëndetjet e gjyshes dhe të motrës sime, duke shpresuar se letra ime do t'ju gjejë të gëzuar e me shëndet të mirë. Do të mbetem në pritje të ndonjë letre nga ana juaj, për të marrë vesh se si po e kaloni verën.

Ju përshëndes me shumë dashuri,

Biri juaj

Aleksandros

Përgjigjia e Kenneth Bentley, prind amerikan nr. 10, 638

25 shtator

I dashur Aleksandros,

Na vjen keq që je shqetësuar për ne, për shkak që s'të kemi shkruar. Druaj se ne s'jemi aq të rregullt në shkrimin e letrave, të paktën jo aq sa ti, por organizata me aq emër të madh, që merret me shpërndarjen e letrave tona, duket se është e ngadalshme, mund të them se i duhen tre muaj. Si të thuash, i bien nga Kina! Ti e përshkruaje verën greke shumë bukur.

Tashmë në Nju Jork është vjeshtë. Pemët e vogla e të trishta të kësaj rruge po të trishtë ku jetoj tani kanë filluar t'i zverdhin gjethet, ato që kanë mbetur pa rënë ende. Vajzat e hijshme, që shëtisin udhëve, kanë filluar të vënë kapele. Në Nju Jork, rrugët kryesore kanë drejtim veri-jug, pra në njërën anë ka diell, në tjetrën hije, kështu që njerëzit kapërcejnë nga ana e hijes drejt asaj me diell, pasi ky s'është më aq i ngrohtë. Qielli është shumë i kaltër e ndonjë mbrëmje, pasi ha diçka në ndonjë kioskë apo restorant, bëj një shëtitje deri tek East River për të parë anijet dhe Bruklinin, që është pjesë e këtij qyteti të paanë.

Zonja Bentley dhe unë nuk jetojmë më bashkë. S'kam dashur të ta them këtë, por tash që fjalia u shtyp në letër nuk shoh ndonjë të keqe. Ndoshta ti po pyet veten se pse po të shkruaj nga Nju Jorku dhe jo nga Greenwich. Zonja Bentley, Amanda e vogël dhe Riçardi janë akoma atje, në shtëpinë tonë të këndshme, e herën e fundit që i pashë dukeshin shumë mirë. Amanda do të shkojë në kopësht e duket aq e gjallëruar, për më tepër ka vendosur të mos veshë kurrë më kominoshe e përparëse. Ngul këmbë të vishet veç me fustan, sepse ajo mendon se fustani i bën vajzat e vogla të duken bukur. Kjo e zemëron nënën e saj, sidomos të shtunave e të dielave, kur Amanda luan me fëmijët e fqinjëve në kopshtin e tyre me baltë. Riçardi ecën vetë tashmë e nuk e duron të motrën të tallet me të. Po kush e duron atë?

Shkoj një herë në javë për të marrë postën e njëra prej letrave ishte e jotja, që më gëzoi aq shumë kur e lexova. Zonja Bentley më tha të të përgjigjesha, gjë për të cilën u kënaqa shumë, pasi herën e fundit ishte ajo që të shkruajti. Në fakt s'jam i sigurt nëse të ka shkruar apo jo, pasi shkrimi i letrave s'është pika e saj e fortë, edhe pse ajo ka këmbëngulur që të regjistroheshim te "Hope, Incorporated" dhe di që ajo të do shumë e u gëzua pa masë kur mësoi se ti do ta rifillosh mësimin me "energji të reja e me gëzim".

Ka pasur shumë entuziazëm në Shtetet e Bashkuara rreth vizitës së kryetarit të Bashkimit Sovjetik, zotit Hrushov. Ai është llafazan dhe me besim të madh në vetvete e gjatë takimeve me politikanët tanë llafazanë e me shumë vetëbesim ndodhën disa fërkime, shumica prej tyre drejtpërdrejt në televizion, ku gjithkush mund t'i shihte. Frika ime kryesore lidhej me mundësinë që dikush mund ta vriste, por tashmë s'besoj se do ta vrasë njeri. Prania e tij këtu solli një ndjesi të çuditshme, sikur kishim gëlltitur një monedhë metalike, por amerikanët janë shumë të shqetësuar për paqen e do të bëjnë përpjekje, edhe pse me dhimbje, për t'i dhënë një shans. SHBA, siç mund ta mësoni në shkollë, ka qenë për shumë vite një vend i izoluar e mbijeton akoma një dëshirë fëminore që kombet e tjetra, edhe pse ne jemi superfuqi, të na lënë në punën tonë; kështu dielli do të shkëlqente për ne. Nejse, ky s'ishte ndonjë paragraf aq i mirë e ndoshta ai që do merret me përkthimin e letrës do ketë mirësinë ta heqë fare.

Më duket se jam ftohur e kjo gjë, së bashku me tymin e cigareve, më bën të ndjehem si i humbur, sidomos kur rri shumë kohë ulur. Jam pak i shqetësuar, sepse të përfytyroj duke pyetur: "Si është e mundur që zoti e zonja Bentley, që më dërgonin letra aq të lumtura nga Amerika, fotografi të fëmijëve të tyre, triko, briskun e xhepit për Krishtlindje, më paskan gënjyer gjithë kohës? Pse nuk jetojnë akoma së bashku?". Do

131

doja që ti të mos shqetësoheshe. Ndoshta edhe në fshatin tënd ka burra e gra që zihen me njëri-tjetrin. E pas kësaj vazhdojnë të jetojnë së bashku. Por në Amerikë, ngaqë kemi shumë banjo, rrugë e makina të shpejta, kemi filluar të harrojmë se si mund të bashkëjetohet me halle, anipse jeta ime e tanishme është një farë telashi për mua. Ndoshta gjatë shkollimit tënd, nëse ti e vazhdon dhe shpresoj që ta bësh, priftërinjtë ose murgjërit do t'ju lexojnë poemën e madhe greke, Iliadën, në të cilën poeti, Homeri, tregon për Helenën, se si e braktisi burrin e saj që të jetonte me Paridin në mes të trojanëve. Diçka e ngjashme ka ndodhur edhe me familjen tonë, me një përjashtim të vogël: jam unë që kam ikur për të jetuar mes trojanëve, duke lënë gruan në shtëpi. Nuk e di nëse Iliada është në programet tuaja shkollore e jam kurioz ta di. Kombi juaj duhet të ndjehet shumë krenar për ato kryevepra, që i japin kënaqësi gjithë botës. Në Shtetet e Bashkuara, shkrimtarët e mëdhenj bëjnë vepra të cilat nuk u pëlqejnë njerëzve, sepse të trishtojnë pa masë po t'i lexosh. Por ne s'po të gënjejmë për asgjë. Zonja Bentley, Amanda, Riçardi dhe unë ishim të lumtur e deri në një farë mase prapë jemi. Ndaj, të lutem, vazhdo të na i dërgosh letrat e tua të mrekullueshme. Ato do mbërrijnë në Greenwich e ne do të gëzohemi kur t'i lexojmë. Ne do vazhdojmë të t'i dërgojmë ato para, për të cilat na je aq mirënjohës e që s'kanë vlerë as sa ato që ne harxhojmë për të blerë pije alkoolike. S'është se zonja Bently dhe unë i harxhojmë krej vetëm ato pije. Jo, kemi shumë miq që na ndihmojnë, shumica prej tyre fort të mërzitshëm, edhe pse ty ndoshta do të të pëlqenin më shumë se mua. Dhe e kundërta. Jam kaq i lumtur që ti jeton afër detit ku mund të lahesh e të çlodhesh pas punëve të rënda të fushës. Unë kam lindur në brendësi të Amerikës, mijëra kilometra larg oqeanit. Kështu që dashuria ime për detin erdhi vonë, kur isha i rritur dhe i martuar. Kështu, përsa i përket detit, i bie që ti të jesh më me fat se unë. E qartë, të jesh afër detit është një bekim i madh. Më kujtohet kur mendoja se sa mirë ishte që fëmijët e mi do të dijnë t'i gëzohen vrapimit mbi rërën e butë në plazhin e ngushtë buzë detit në Greenwich.

Tash më duhet të ndal së shkruari, pasi kam ftuar një grua

të re për darkë, një grua për të cilën ti do jesh i interesuar të dëgjosh, pasi është me origjinë greke, e lindur në Amerikë, por që ka shumë nga hijeshia e racës suaj. Po, siç e di edhe ti, ne ia kemi nxjerrë flakën përkthyesit tonë, duke i dhënë kaq shumë punë për të përkthyer. Përcilli urimet e mia më të mira gjyshes, e cila ka bërë kaq shumë për ty pas vdekjes së nënës tënde dhe motrës po ashtu, lumturia dhe mirëqenia e së cilës është aq e shtrenjtë në zemrën tënde.

Sinqerisht
Kenneth Bentley

PS: Duke e rilexuar këtë letër, vura re me keqardhje se nga fillimi i saj jam treguar i pasjellshëm me organizatën e shkëlqyer, që bëri të mundur miqësinë tonë, letrat e tua të bukura, që na gëzojnë kur i marrim e i lexojmë e rilexojmë. Nëse s'kemi shkëmbyer letra aq shpesh sa do të kishim dashur, kjo është për fajin tonë e ne të lutemi të na falësh.

Shqipëroi Arbër Ahmetaj

Të gjithë të njëjtën diagnozë

Të gjithë të njëjtën diagnozë
Njëlloj sikur të ishin nxënës të një klase
Apo pasagjerë të të njëjtit udhëtim
Të gjithë heqin rrobat
Bluza
Këmisha
Triko
Xhaketa
Me kopsa
Zinxhirë
Shtrihen
Me radhë
Dhe presin
Të njëjtat pyetje
Të njëjtat përgjigje
Kur ka qenë hera e fundit
Që e ke bërë këtë analizë
Para tre vjetësh
Pra ti e di si është
Diku poshtë brinjës
Do të godas
Një herë
Dy
Tre
Derisa të mos ndjesh dhimbje
Thjesht pak
Një, dy, tre dhe kaq
Mbaroi, je mirë
Jo aq keq sa e mendoje
Ose sa kishe bindjen se
Ose sa ishe i trembur

Edhe pse thellë-thellë s'ke qenë kurrë i trembur
Tani ke kohë
Dhe pak
Dhe disa muaj
Deri sa klasa të mbyllet
Do mbyllet kjo klasë
Të gjithë do diplomoheni
Diploma do mbajë titullin:
I shëruar
Do përfundojë ky udhëtim
Të parët do zbresin
Ata që janë më keq
Të moshuarit kuptohet
Pastaj të tjerët
Ti nuk je ende i moshuar
Një arsye për t'u ndjerë i lehtësuar
Që je ai që je
Apo e kundërta?

Vizita mbaroi
Rrobat të presin
Këmisha me kopsa
Trikoja sipër saj
Me zinxhir
Dhe shalli i mëndafshtë
I habitur që e ke marrë me vete
Në një takim të tillë
Ai qëndron në qafë
Jo poshtë brinjëve
Aty ku ti nuk ndjeve dhimbje
Do t'i duhet ende të të bëjë shoqëri
Deri sa të vijë koha...

Qyteti

Qyteti po ikën,
ka ngarkuar gjithë natën
vagonë të mëdhenj me shtëpia, pallate,
rrugica, kështjella, male,
fusha të mbjella e të pambjella,
ka ngarkuar edhe palmat kokëprera
nga sëmundja që u ra,
ka ngarkuar edhe detin,
po, po, detin,
rërën, gurët, plazhet, pyjet,
gjithë ç'mban një qytet!

Veç të shohësh si rendin njerëzit si të marrë
dhe si luten:
Qytet na merr me vete,
mos na lër këtu.
E dimë, je mërzitur me ne
edhe ne me ty,
nuk bëjmë dot pa njëri-tjetrin.
E pranojmë,
të kemi sharë,
pa edhe kemi ngarkuar valixhet,
me rroba të zbardhëllyera nga dielli,
me orendi nga ato që gjen në çdo shtëpi;
një copëz jetë kemi pasur aty!

Kemi ngarkuar edhe libra,
fotografi,
ku ke dalë edhe ti;
po, po, kemi dalë bashkë, qytet.

Mos ik qytet, mos na braktis!

Në fund të fundit ne kemi ngarkuar veç ca valixhe,

në cilin vend mund të shkosh ti pa ne?
Qytet i kujt mund të bëhesh,
nëse kërkon të ikësh nga ne?
Do qeshë bota me ne,
qytetarët që na braktisi qyteti.

Të ulemi në gjunjë qytet;
edhe ti, sado zemër të madhe të kesh,
di të nxehesh.
Mos ik, qytet!

A e di?

A e di pse kaq fort të dua?

Se ti m'i njeh të gjitha
shtegtimet e shpirtit,
stinët e zemrës,
nisjet,
mbërritjet
dhe ikjet pa kthim.
Se ti,
më ke hyrë kaq thellë në mish,
në lëkurë,
je bërë njësh me mua
dhe sërish jam ndjerë
e lirë.

Dashuria jemi unë dhe ti

Dashuria është
si ti më sheh,
si më ndjen
më prek,
më flet,
më përpin,
më trullos,
më harron,
si më gjen përsëri.
Si unë të hyj në shpirt,
si bëhem një me ty,
si të jepem,
e butë dhe e egër,
e prekshme,
e paprekshme,
e dukshme
ose jo,
e afërt dhe e largët;
Dashuria jemi unë dhe ti!

Kohë të turbullta

Këto janë kohë të paqeta;
duhet të duhesh fort,
ndryshe nuk i mbyt dot turbullirat,
shqetësimet...
mund të zhytesh thellë
e rrezikon të ndotesh keq.
Nuk është e lehtë
të lundrosh ujërave të kthjellëta,
se janë kohë të turbullta këto
e kohët e turbullta
duan dashuri të çmendura.

138

Në pritje të stinës së re

Befas nisa të zvogëlohesha,
t'i humbisja nga sytë vetes,
u paka,
u treta,
humba...
E aq sa mbeta
mora hov,
më çoi larg,
atje ku horizonti duket si teh i mprehtë.
Ndjeva hënën drapërushe të më qëndisej në sy
u bëra mbrëmja që i mbështillet liqenit,
vetë liqeni një pjatë e argjendtë e kthyer përmbys,
ku mjellmat elegante luajnë balet...
Në fund u shndërrova një pemëz e zhveshur
në breg,
në pritje të stinës së re.

BALIL GJINI

Fjalët: edhe kaçka, edhe kuçka

"Ne jemi të mbyturit e gjuhës, nga njëri vend në tjetrin shtegtojmë, të varur në drurët kalamendës të frazave tona"...

Maulpoix

Poet, ti e di mirëfilli se orvatja për t'u marrë me fjalën e bukur është një lloj ftese për të vizituar një pyll vjeshtor të mbuluar me gjethe të verdha, poshtë të cilave janë fshehur plot dhokane e çarqe (kësisoj, zoti të ruajt prej tyre!), kurse buzë tij gogësin një ngjirë plot vrima rrufullash rrufitëse (zoti i ruajt prej teje). Gjithçka varet nga ty: nëse në këtë ekskursion nisesh me kapelën dhe atletet e ekskursionistit - pra nëse letërsinë e merr si një zbavitje, si një argëtim - pena të qoftë pendë, kurse nëse nisesh me pajimet e rënda të ushtarit - të duash luftë, të asgjësosh kundërshtarë letrarë - rruga është ku e ku më e sikletshme. Ti e kupton se dhe vetë unë jam një nga ekskursionistët dhe, kësisoj, për t'u marrë me fjalën e bukur më mjafton diçka e lehtë, e përflurtë: kundrimi estetik i vetëm njërës prej faqeve të prizmit apo vetëm i ngjyrës së kuqe të ylberit.

Përpara t(m)eje është përbindëshi gëzofbardhë i letrës. Marrëdhëniet e tua me të janë orvatje dominimi, të cilat realizohen përmes një rituali të çuditshëm magjish, yshtjesh, lutjesh, përgjërimesh, herë vetëdijshëm e herë në mënyrë intuitive. Prej tij, ti kërkon atë ç'ka ai zotëron: thesaret e fshehura nën gëzof, prej teje ai kërkon t'i beditësh vargje me rruaza të bardha djerse, orë të tëra lodhjeje. Pas kësaj, pasi të ketë hungëritur mbyturazi, ai mund të shtëmënget disi që ti të shohësh hatanë bukurigjëmëse: trupat e gollomeshët të fjalëve (larg qoftë sikur ato të të tjetërsohen në mise bukuridenatyruese TV-sh).

Por marrëdhëniet e tua me letrën e bardhë mund të jenë krejt tjetër gjë, mund të jenë marrëdhënie të ftohta kundrimi. Letra e bardhë shtrihet para teje, e shkretëtirtë, memece, e bardhë. Është një bardhësi që mund ta ajgëtosh si të të vijë për hosh: edhe si vello, edhe si qefin. Poshtë tyre janë ato: statujat e fjalëve. Ato presin veçse një gjest prej teje, që të fërkojnë sytë, të ngrihen në këmbë, të bëjnë hapa (Uauu, sa paskam fjetur! - thotë bukuroshja e përrallës). Aq më tepër kur dihet sheshazi se ti, poet, je edhe stërnip i Midias, edhe i njeriut prej guri të Molierit, pra dëshirën për të ngurtësuar gjithçka që prek e ke brenda genit tënd prej njeriu.

Në fillim mund të të vejë mëndja se fjala e bukur është një midhje që, sa më shumë ta fshehë brenda trupin e squllët (sak të squllët!) të kuptimit, aq më e përkryer është ajo vetë. Së paku kështu thonë dhe Melarme dhe Flaubert. Por pastaj ndërron mëndje, sepse e di hak fare që fjalët janë edhe kaçka edhe kuçka. Kaçka, ngase duhet t'u thyesh gollovezhgat për të parë thelpinjtë e kuptimit që fshehin brenda; kuçka, ngase kanë hamngjitjen, lazdrimet dhe koketërinë e tyre. Pastaj, dreqi ta hajë, akcili e di: ndërsa në publik ti flet për femrën e sjellshme, amvisën e rregullt, në fshehtësi ëndërron atë, të tjetërfartën, femrën anapodha. Virtytet publike, veset individuale.

Poet! Ti e di fare sakllam se foljet kushërira: ha, gëlltit, gjëllit, ngjëroj, kërtyl, llupit, burbulet, përlugëtoj... s'janë gjë tjetër veçse vajza kuzhine me thonjtë e llangosur me manikyr salce, që, tashmë të mbyllura në hapsanat e leksikut, janë gati ta ndërrojnë kismetin e jetës dhe të zgjedhin një tjetër, mbase edhe atë të vajzave të haremit. Ti mezi e ke pritur këtë çast, sepse poshtë hirit të indiferencës të djeg prushi egoist për të qenë sulltani i tyre. Ke kohë t'i shikosh, t'i soditësh, të dërgosh eunukët për t'u shkuar shufrën e florinjtë në pjesën erotike dhe të vëzhgosh bulëzën e dalldisë, për të provuar cila prej tyre është më në afsh. Të duhet të zgjedhësh njërën, më të mirën. Por ti, nga padurimi, mund të veprosh me ngut, duke zgjedhur çdocilën prej tyre, dhe do të vërtetoje se s'je dot një sulltan, por

141

një jeniçer buzëplasur nga lufta, që mezi ka pritur të bjerë në shtrat me femrën e parë që i del në rrugë.

I gjithë rituali i të shkruarit është i njëjtë me ritualin e dashurisë. Që të dy ftillohen si akte të turpshme, ndaj kryhen në heshtje, vetmi. As që ka diskutim se dashuria jote për fjalën e bukur është një dashuri e sublimuar. Dëshira jote për të shkruar mbi letrën e bardhë është dëshira e atij që mezi ka pritur të shkelë mbi dëborën e pastër, të shkruajë mbi të me një alfabet këpucësh, ta zhvirgjërojë, ta dhunojë.

Nxirrja e letrës me shkronja mund të jetë dhe diçka tjetër: një dëshirë e fshehtë për të parë nënbarkun e saj tek mbushet me qime të zeza. Sepse letra, para se të lindë atë çka pritet prej saj, duhet të rritet dhe të dalë nga aguridhiteti.

Ëndrra e kahershme e adoleshencës për të zotëruar vajzën që të çmendte, vjen e lëmon format, bëhet e lehtë puplore, pra kurrgjë tjetër pos ajo copë letër para së cilës je ulur të shkruash. Sepse femra dhe letra kanë të njëjtin fat: duhet të punohen që të ndihen të lumtura. Me të njëjtin mjet. Jo më kot në të gjitha shpjegimet psikanaliste mjeti i të shkruarit (lapsi, stilografi) identifikohen si organe seksuale mashkullore. Lapsi: një penis prej druri; Penisi: një laps prej mishi. Kësisoj, ti s'ke si mos ta kuptosh se ajo fëshfërimë e letrës nën peshën e stilolapsit s'është pos tjetër veçse fëshfërima e një fustani taftaje të flakur ngutshëm mbi tokë.

Njëri nga të njohurit e racës tënde, poeti francez Edmond Jabe, e kundron fjalën e bukur si një lloj peshku që i fekstijnë laskrat nën dritën e diellit: Je me penche sur le mot aux fines écailles/Dans la mer le mot est étourdissant... (Pjerrohem mbi fjalën me leskra finoshe/ në det fjala shastisëse është)... Na vjen për mbarë që këtë fjalë-peshk ta përfytyrojmë si sirenë, arketipi i së cilës duhet kërkuar te një tjetër mit: tek ai i Melusinës, vajzës që ditët e shtuna ishte e nëmur të tëhuajzohej në gjarpër që nga mesi e poshtë .

Poet, mos bëj sikur! Ti e di fare ashiqare se ashtu siç ka pasur një kohë ideologjike apo siç ka tashmë një kohë virtuale për të tjerët, për ty le ta zëmë se mund të ketë një kohë mbiemrash, kohë kur këta të bekuar, duke u parë në pasqyra, heqin zbokthin nga jakat e kadifenjta të cilësimit dhe shndërrohen fët-fët në çupa (medemek në ndajfolje). Është një lojë metafizike që të pëlqen, sepse të ngre mbi realitetin banal të ca patëllxhanëve të mbushur me erëza citatesh e copëra morali, të cilat quhen njerëz. Pra e gjithë kjo mesele mund të ngjasë për shkak të neverisë që të shkaktojnë fjalët zokopura të mediave, d.m.th është thjesht një asimetri shpëtimi. Sepse është shumë herë më fisnike të dëgjosh gurgullimat e zorrëve të metaforave të përjetshme sesa tallahamën e fjalëve gojëçapëlyera të politikanëve të përkohshëm.

Sigurisht kjo është Hurkalyaja jote, toka e dritës në gjeografinë mistike të filozofëve orientalë, e cila merr formë dhe gjerohet jashtë kohës historike, tokë ku realizohet gjithçka që imagjinohet dhe dëshirohet.

Sidoqoftë, prirja jote për t'u marrë me fjalën e bukur mbase është dhe shpresa se, pasi të ikësh nga kjo botë laragane, ti do të përkohëshmërosh mbi letrën e bardhë. Dhe atgrimë, kush më mirë se ajo, fjala e bukur, do të tëhuajzohej në qyqe dhe do ta gjente një degë të thatë ku do të vajtonte për ty ku-ku, ku-ku (sikur do të orvatej të pyeste: ku?..ku?...)

Poet! Vetë akti i të shkruarit, ashtu siç thotë dhe Ruzhdie, është në thelb një akt blasfemues, sepse hyhet në rivalitet dhe garohet me Zotin, krijuesin e gjithçkaje. Pra bëhet një faj. Por, stërgjyshi ynë, Adami, a s'doli vallë prej naivitetit (padijes) përmes një faji, i cili në thelb është i dritshëm? Ky faj quhet dashuri. Bash këtu fillon të dilet nga terri dhe shkruhet historia, e cila s'është pos tjetër veçse ca pika boje shkundur herë pas here dalldisshëm prej stilografit mbi letrën e bardhë...